*

VICTOR HUGO RACONTÉ PAR LA CARICATURE

*

*

VICTOR HUGO RACONTÉ PAR LA CARICATURE

*

Maison de Balzac
4 mai – 1er septembre 2002

PARIS-MUSÉES

Comité d'honneur

Bertrand Delanoë
Maire de Paris

Christophe Girard
Adjoint au maire, chargé de la Culture

Sandrine Mazetier
Adjointe au maire, chargée du Patrimoine

Josseline de Clausade
Directrice des Affaires culturelles de la Ville de Paris

Édouard de Ribes
Président de Paris-Musées

Comité d'organisation

André Pichery
Sous-directeur chargé des Richesses artistiques

Isabelle Secrétan
Chef du Bureau des musées

Danielle Molinari
Conservateur général de la Maison de Victor Hugo
et de Hauteville House

Yves Gagneux
Conservateur en chef de la Maison de Balzac

Aimée Fontaine
Directrice de Paris-Musées

Commissariat scientifique

Gérard Pouchain
Agrégé de l'Université

Coordination

Sophie Krebs
Conservateur du Patrimoine à la Maison de Victor Hugo

Production

Paris-Musées :
Denis Caget, responsable du secteur expositions,
Claire Nénert, chargée de production,
Corinne Ramboasalama, assistante,
et l'ensemble des collaborateurs de Paris-Musées

Remerciements de l'auteur

Mesdames et Mesdemoiselles Clémence Allard, Odile Blanchette, Martine Contensou, Caroline Delattre, Danièle Gasiglia-Laster, Marie-Rose Gréca, Sophie Grossiord, Sophie Krebs, Sylvette Lemagnen, Marie-Laurence Marco
Messieurs Jean-Marc Hovasse, Arnaud Laster, Philippe Sorel, Pierre Touraine

Le 1er juin 1885, plus de deux millions de Parisiennes et de Parisiens, massés de l'Arc de triomphe au Panthéon, saluaient une dernière fois Victor Hugo. Aujourd'hui, alors que l'on fête le bicentenaire de sa naissance, Paris n'a pas oublié ce qu'elle doit à celui qui fut de tous ses combats et façonna ses valeurs. Elle rend ainsi tout au long de l'année l'hommage qu'il mérite à « son » grand homme. Personne en effet n'a autant magnifié Paris que Victor Hugo. Sous sa plume, de *Notre-Dame de Paris* aux *Misérables*, des *Contemplations* à *Quatrevingt-Treize*, Paris est devenue une catégorie universelle de la civilisation, la capitale mondiale de la création, de la liberté et du progrès.

Le génie de l'homme n'avait pas de limites. C'est donc autant à l'artiste, romancier, poète, dramaturge et pamphlétaire, qu'au combattant politique, défenseur des pauvres et des communards, adversaire acharné de la peine de mort, pourfendeur de « Napoléon le Petit », militant de la République, que Paris rend hommage, à travers toute une série d'expositions, de représentations théâtrales, de lectures et de spectacles.

Deux cents ans après sa naissance, l'écrivain qui rompit avec son éducation pour définitivement choisir son camp – celui de la lumière contre l'obscurantisme, de la justice contre la misère, de la liberté contre l'oppression, du progrès contre l'ignorance, de la laïcité contre l'ordre moral – reste une figure politique de référence. Avec humilité, nous nous efforçons d'être fidèles à cet héritage et à la vision hugolienne de Paris, « *cette cité modèle, ce patron des capitales bien faites dont chaque peuple tâche d'avoir une copie, cette métropole de l'idéal, cette patrie auguste de l'initiative, de l'impulsion et de l'essai, ce centre et ce lieu des esprits, cette ville nation, cette ruche de l'avenir, ce composé merveilleux de Babylone et de Corinthe* ».

C'est donc avec passion que j'invite les Parisiennes et les Parisiens à fêter celui qui fut l'un de leurs plus grands génies.

Bertrand Delanoë
Maire de Paris

La Maison de Victor Hugo recèle en son fonds plusieurs centaines de charges allant de 1833 à 1885, et même au-delà, certaines étant postérieures à la mort de l'écrivain.
Cette abondance témoigne de l'importance de la presse satirique illustrée au XIXe siècle, qui regroupait alors plusieurs dizaines de journaux où l'on retrouvait les signatures d'artistes célèbres : Daumier, Gill, Cham, Grandville, Nadar… Elle rend aussi compte de la très grande popularité de Victor Hugo, et de son statut d'homme public, dont toutes les œuvres, toutes les prises de position, tous les faits et gestes, et ceci même pendant la période de l'exil, étaient commentés dans la presse. La caricature rencontrait alors un très grand succès. Victor Hugo, qui la pratiquait lui-même avec talent et entretenait des relations harmonieuses avec plusieurs caricaturistes qu'il invitait à sa table, conserva les charges dont il était l'objet.
Si elles ont un lien constant avec l'actualité de l'époque, il est néanmoins parfois difficile de les interpréter avec précision, et de savoir à quelle intervention particulière de Victor Hugo, à quelle œuvre ou moment d'une œuvre, telle ou telle allusion renvoie. Il en est de même, privés du contexte, pour l'identification de certains des personnages représentés.
Nos *Guignols de l'info,* dans 150 ans, soulèveront peut-être les mêmes interrogations.
Nous devons la sélection et l'étude des 70 portraits-charges de la Maison de Victor Hugo, présentés aujourd'hui à la Maison de Balzac, à Gérard Pouchain. Agrégé de l'Université et grand connaisseur de la vie et de l'œuvre de Victor Hugo, auxquelles il a consacré de nombreuses publications portant sur les voyages, l'exil, les chansons… il travaille depuis de nombreuses années sur ces portraits-charges dont il nous propose aujourd'hui une mise en perspective historique. Ses commentaires particulièrement fouillés, que des extraits d'articles viennent enrichir, nous révèlent le regard satirique que le XIXe siècle a porté sur Victor Hugo, à travers des portraits-charges qui ont, sans nul doute, contribué à l'élaboration de son mythe.

Danielle Molinari
Conservateur général
de la Maison de Victor Hugo
et de Hauteville House

Toutes les œuvres présentées appartiennent aux collections de la Maison de Victor Hugo.

SOMMAIRE

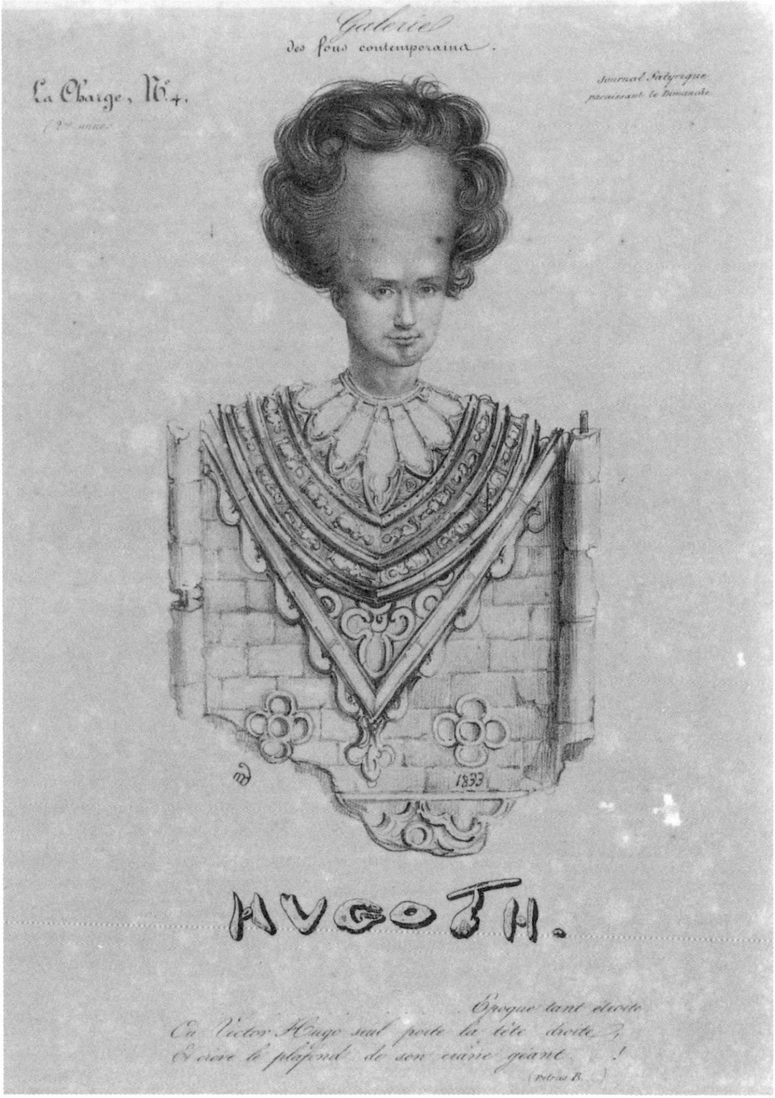

Fig. 1

Fig. 1
Hugoth, MD, Galerie des fous contemporains, *La Charge, journal satyrique*, n° 4, deuxième année, 27 janvier 1833.
Lithographie
MVHP - E - 395

VICTOR HUGO RACONTÉ PAR LA CARICATURE

Dans la préface de *Victor Hugo par le bibelot*[1], Adolphe Brisson relate sa visite chez Paul Beuve, hugolâtre inconditionnel, qui le reçoit pour lui montrer sa collection, son « magasin » d'objets représentant Victor Hugo. Tour à tour, ce sont des pipes, des chocolats, des savons, des bouteilles, des plumes, des cahiers, des buvards, des assiettes qu'il exhibe des « rayons ». Adolphe Brisson est étourdi par tous « ces bibelots étalés [...] qui surgissent de tous les points de la chambre, qui jaillissent des armoires, sortent des tiroirs, quittent les murs, montent de terre, finissent par [l']étourdir. Il y en a trop, ajoute-t-il. Je veux les fuir, je me lève, je saisis mon chapeau, où l'un des savons Victor Hugo s'est introduit subrepticement,... Beuve court après moi :

- J'ai encore les pantoufles Victor Hugo, les chenets Victor Hugo.
- Vous m'en voyez ravi, mon cher Beuve.
- J'ai trois épingles de cravate, quatre boutons de manchettes, deux broches, quatre horloges, deux insignes pour la boutonnière, deux porte-montre, un ruban de soie, quatre tapisseries, vingt médailles d'argent, de bronze, de cuivre, de nickel !...
- Que de splendeurs, excellent ami.
- Cent dix bustes et médaillons...
- Arrêtez !...
- Mille portraits...
- Je n'en puis plus...
- Six cents charges ! [...] »

Et Adolphe Brisson de « dégringoler » l'escalier, en bousculant le chat... Quasimodo !

Assurément, ce nombre de caricatures représentant Victor Hugo et parues dans la presse jusqu'au 5 juin 1885, quelques jours après ses funérailles nationales, n'est pas exagéré : il serait même largement dépassé si l'on tenait compte des portraits-charges publiés depuis sa mort jusqu'à nos jours, de ceux qui figurent sur ce qu'on appellerait aujourd'hui des produits dérivés (cartes postales ou assiettes, par exemple) et, plus encore, si l'on répertoriait les charges qui accompagnent la publication de ses œuvres (depuis

1. *Victor Hugo – Le Populaire – L'Annonce – La Chanson*, Paris, H. Daragon, 1902.

la caricature anonyme, « Étude de sang prise aux abattoirs », pour *Han d'Islande*, en 1823) ou de leurs parodies (ainsi, Bertall et ses *Buses-Graves, trilogie à grand spectacle*, en 1843, ou Hoche et son *Torquémalade, parodie méli-mélo-drame à tics médicinaux par ose-trop-goth*, en 1882), et si l'on y ajoutait les caricatures réalisées à l'occasion des reprises de drames, telle celle de *Marion de Lorme* par Hadol, dans *L'Éclipse* du 23 février 1873.

Une telle production d'images permet, certes à travers des jeux de prismes, de « raconter » Hugo, sa vie littéraire et sa vie politique, mais jamais sa vie privée. Il n'existe, par exemple, aucune caricature qui dévoile ses liaisons amoureuses. Sa relation avec Juliette Drouet, qui commence en février 1833 et qui est pourtant contemporaine de la première charge dont il est l'objet (27 juillet 1833), est ignorée des caricaturistes, alors que certaines publications n'hésitent pas à révéler l'intérêt que porte l'auteur de *Lucrèce Borgia* à Mademoiselle Juliette qui interprète dans sa pièce le rôle de la princesse Negroni. De même, de nombreux journaux vont s'emparer du flagrant délit d'adultère constaté le 5 juillet 1845 : celui qui a été nommé pair de France quelques mois plus tôt, vient d'être surpris en compagnie de Léonie Biard dans une chambre meublée du passage Saint-Roch. Ainsi, dès le lendemain, *La Patrie* dénonce ce « scandale déplorable » et apporte des précisions : « un de nos écrivains les plus célèbres », « en conversation criminelle », son titre politique « rend sa personne inviolable », etc. Les deux seules caricatures qui paraissent la même année 1845 dans *L'Illustration* du 15 novembre (fig. 9), ignorent l'affaire[2] : Grandville y présente (« Thé artistique assaisonné de grands hommes ») le salon de Delphine de Girardin, entourée notamment de Hugo, grosse tête et corps très cambré, Dumas, Balzac, Liszt, et il revient sur l'échec des *Burgraves* (1843) avec « Un Génie et *les Durs à cuire* » où Hugo, grosse tête surmontée de flammes et ailes d'ange, signe sa « tragédie en un monologue » au pied de quatre personnages fort imposants, dont l'empereur Barberousse[3].

L'interdiction de la caricature politique, par la loi sur la presse du 9 septembre 1835, n'est sans doute pas étrangère à la multiplication des charges d'artistes et d'écrivains, notamment celles de Victor

2. Ce n'est qu'un an après la mort de Victor Hugo qu'un journal illustré évoquera le flagrant délit d'adultère : dans son numéro du 20 juin 1886 *Le Pilori*, journal bonapartiste et royaliste, rappellera « l'aventure du passage Saint-Roch » et représentera un homme au large front et à la tête démesurée, qui se dirige vers une femme qui l'attend sous un porche surmonté de l'inscription : « Passage Saint-Roch ».

3. L'article qui accompagne ces deux caricatures précise qu'elles sont extraites de *Jérôme Paturot à la recherche d'une position sociale*.

Hugo, chef de file incontesté des romantiques, qui dérange, agace, exaspère ceux que Théophile Gautier appelle les « grisâtres », par opposition aux « flamboyants ».
Par la suite, son entrée en politique (élu à la Constituante en 1848, puis, l'année suivante, à l'Assemblée législative) va faire le bonheur des Bertall, Daumier et autres Quillenbois. La période 1848-1851 est, de loin, la plus féconde en portraits-charges : près d'une centaine est conservée à la Maison de Victor Hugo, place des Vosges, contre une quarantaine pour les années antérieures.
Pendant son long exil (1852-1870), il n'est pas oublié des caricaturistes : d'abord présent aux côtés d'autres « binettes contemporaines » (Alexandre Dumas, Honoré de Balzac, Eugène Sue, George Sand, etc.), au sein de groupes ou dans des cortèges, il occupe ensuite seul la une des journaux satiriques illustrés à la publication de ses œuvres nées ou achevées dans le « look-out » de *Hauteville House*, *La Légende des siècles* (1re série, 1859), *Les Misérables* (1862), *Les Travailleurs de la mer* (1866), *L'Homme qui rit* (1869), et à la reprise d'*Hernani* au Théâtre-Français (1867).
Celui qui avait, en 1859, refusé l'amnistie – « Je partagerai jusqu'au bout l'exil de la liberté. Quand la liberté rentrera, je rentrerai » –, retrouve le sol de France le 5 septembre 1870, à la chute de l'Empire : désormais, les caricatures, notamment celles d'André Gill, vont accompagner, avec quelques vicissitudes (démission de son mandat de député, attitude à l'égard des Communards, échec aux élections partielles de janvier 1872, notamment), le patriarche, le Père de la République, qui s'achemine, de son vivant, vers l'« apothéose ».

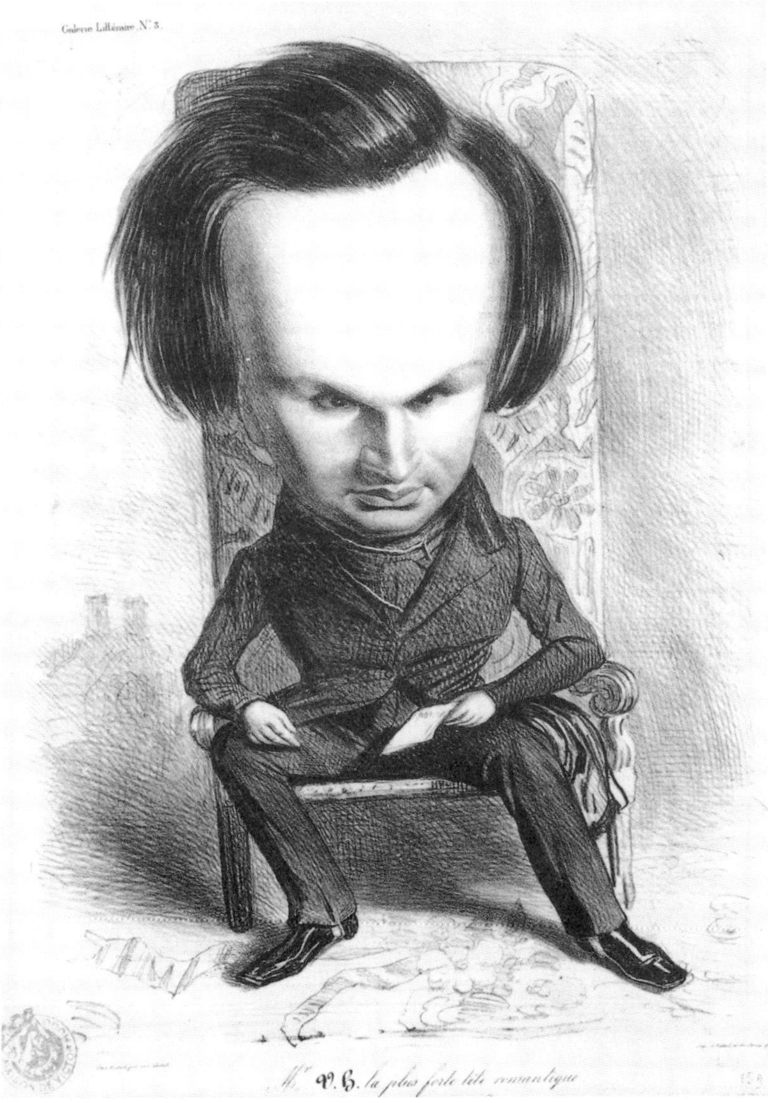

Fig. 2

Fig. 2
Mr. V. H., la plus forte tête romantique,
[Benjamin Roubaud ou Daumier],
Galerie littéraire n° 3, *Le Charivari*,
cinquième année, n° 286, 12 octobre
1836.
Lithographie
MVHP - E - 3010

La première caricature[4] de Victor Hugo, parue dans *La Charge* du 27 janvier 1833 (fig. 1), au moment où le dramaturge participe activement à la mise en scène de *Lucrèce Borgia*, présente un « Hugoth » au front démesurément haut, avec, en légende, des vers de Petrus Borel, familier du cénacle romantique de la rue Notre-Dame-des-Champs[5] :

« Époque tant étroite
Où Victor Hugo seul porte la tête droite
Et crève le plafond de son crâne géant. »

La charge, signée « MD », est commentée dans un très long article qui justifie la place de l'écrivain dans cette « Galerie des fous contemporains » qu'il inaugure : « [...] Voici d'abord M. *Hugoth*, le grand révolutionnaire du goût, le grand ressusciteur de la seule, vraie et bonne littérature ; celui qui a enfoncé Racine, comme chacun sait, et qui a poussé sa badine à travers du corps de Voltaire. M. *Hugoth* n'est pas seulement un homme ordinaire ; surtout il a du front[6]. Ses admirateurs, qui admirent tout en lui, ont compté six pouces de la racine du nez à la racine des cheveux. Il faut qu'ils se soient trompés dans leur calcul ; car c'est six pieds de front que je lui trouve ; et c'est dans cette immense capacité, dans cet énorme « laboratoire à pensée » que réside son mérite [...].

Ces étonnans (*sic*), ces admirables vers sont dus au talent admiratif de M. *Petrus Borel*. Ils ne doivent pas nous surprendre.

Un Goth trouve toujours un plus goth qui l'admire.

Après tout, M. *Hugoth*, à qui nous avons donné pour collerette romantique un gothique portail, « dentelle de pierre » qu'il aime tant, est un homme de talent, un homme d'imagination, surtout ; mais il s'est voulu faire homme de génie, et c'est en cela qu'il a failli. En vain, à l'aide de ce front dont nous faisions l'éloge,

4. En 1830, une lithographie anonyme, « Une vue du Père la Chaise en 1930 », montre le tombeau de l'auteur du *Dernier Jour du condamné*, de *Han d'Islande*, des *Odes et Ballades*, d'*Hernani*, des *Orientales*, de *Bug-Jargal*, de *Cromwell*, près des tombes de Vigny, Sainte-Beuve et Dumas.
5. De 1827 à 1830, Hugo demeure au 11 de cette rue.
6. Parmi les nombreux témoignages de ses contemporains sur son front, citons ceux de Sainte-Beuve : « De ton front grand et haut comme s'il était chauve » (*A V.H.*), et de Théophile Gautier : « Ce qui frappait d'abord dans Victor Hugo, c'était le front vraiment monumental qui couronnait comme un fronton de marbre blanc son visage d'une placidité sérieuse [...] ; il était vraiment d'une beauté et d'une ampleur surhumaines ; les plus vastes pensées pouvaient s'y écrire ; les couronnes d'or et de laurier s'y poser comme sur un front de dieu ou de césar. Le signe de la puissance y était » (*Souvenirs romantiques*).

et secondé de tous les moyens de charlatanisme et de la *camaraderie*, il a prétendu « mettre le pied sur la gorge du siècle ». Le siècle se moque de lui et de ses productions *moyen-âge*. Il pouvait être, avec de l'étude, un brave et estimable littérateur, auteur d'ouvrages élevés, réguliers, de bon goût ; mais on en a déjà tant vu de ce genre depuis l'époque de Louis XIV ! Il a bien mieux aimé être un auteur comme on n'en a vu jamais. C'est pour cela que nous lui avons assigné une place honorable parmi nos *fous contemporains*. »

Dans son numéro du 3 février, *La Charge* revient sur la caricature de Victor Hugo et explique à nouveau son choix : « [...] Il le mérite plus qu'un autre, et c'est un honneur que nous lui faisons [...]. Outre ses titres littéraires qui lui donnent un droit à cette distinction, comme grand enfonceur du siècle de Louis XIV, et ensuite des époques de Louis XV, de Louis XVI, de la république, de l'empire et de la restauration, n'a-t-il pas une autre gloire, celle d'être opposant au gouvernement dont nous jouissons aujourd'hui[7]. »

Quelques mois plus tard (21 octobre 1833), *La Charge* consacre un article à « la caricature graphique et la caricature sculptée » pour rendre hommage à Jean-Pierre Dantan « qui n'a pas craint de célébrer à sa manière les célébrités déjà tympanisées de notre époque louangeuse », et qui vient d'inventer la « caricature plastique », la « charge modelée » avec des statuettes-charges[8]. Un certain

7. Allusion au procès qui oppose Victor Hugo au Théâtre-Français après l'interdiction du *Roi s'amuse* prise en conseil des ministres.
8. À la même date, Dantan réalise aussi des portraits-statuettes – dont celui de Victor Hugo – « où la ressemblance est saisie avec esprit et finesse, et dont l'exécution est fort bonne » (*La France nouvelle*, 19 avril 1833, in *Dantan jeune, caricatures et portraits de la société romantique*, catalogue de l'exposition présentée à la Maison de Balzac, établi par Philippe Sorel, Paris-Musées, 1989). À noter qu'au Salon de 1833, certains de ces petits bustes sont exposés en même temps que la statuette de « Mademoiselle Juliette, artiste romantique », due à Chaponnière, ami de Dantan et de Pradier, et qui représente Juliette Drouet dans le costume de Marie d'Ostanges, qu'elle porte dans *L'homme au masque de fer* d'Arnoult et Fournier.

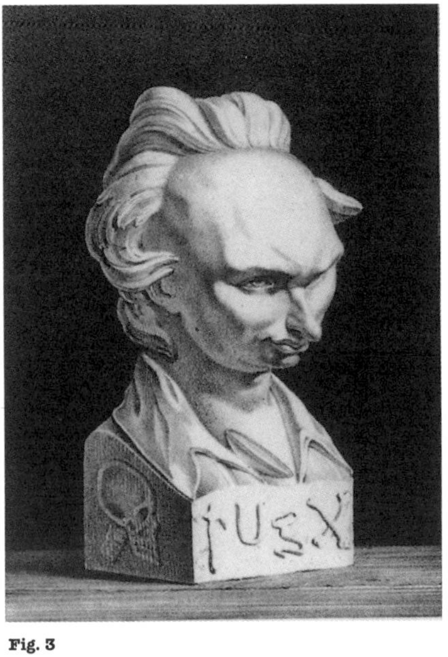

Fig. 3

Fig. 3
Hugo, Dantan, lithographie de Lepeudry, *Le Charivari*, quatrième année, n° 278, 5 octobre 1835.
Lithographie
MVHP - E - 3146

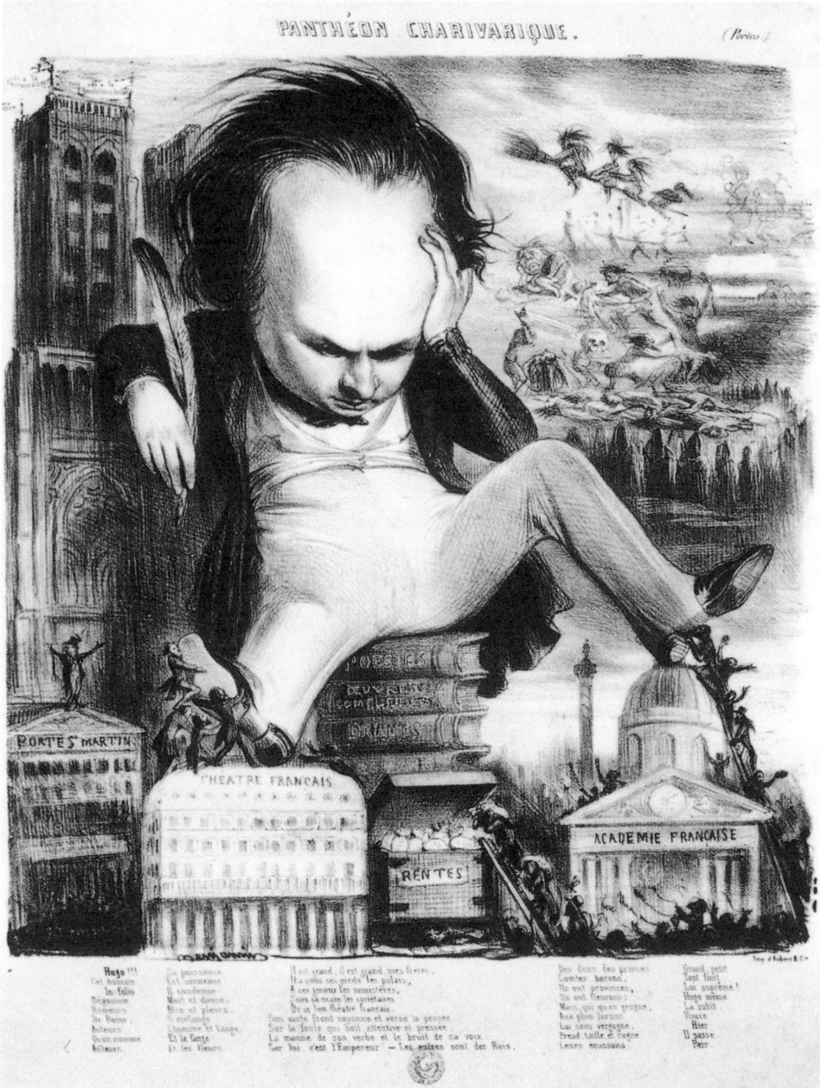

Fig. 4

Fig. 4
Panthéon charivarique, Benjamin Roubaud, *Le Charivari*, onzième année, n° 336, 9 décembre 1841.
Lithographie
MVHP - E - 2374

nombre d'entre elles, dont celle de Victor Hugo, « excellentes plaisanteries personnifiées[9] », vont être lithographiées et publiées, en 1833, dans un recueil intitulé le *Dantanorama*.

La caricature de Victor Hugo qui paraît dans *Le Charivari* du 5 octobre 1835 (fig. 3), est donc déjà connue du public. L'intérêt que porte, dans cette charge, le sculpteur à la phrénologie[10], est évident. On serait tenté de reproduire le commentaire de l'*Almanach comique* (1848) : « Presque toute la charge de Dantan a porté sur le front célèbre qui, pour n'être pas en réalité de taille à causer d'aussi grandes dégradations dans les appartements, n'en est pas moins très vaste, et doit offrir un beau sujet d'examen à la phrénologie[11]. »

Si l'on compare[12] le petit buste de Hugo à sa charge en terre cuite, on remarque que Dantan a accentué l'importance du front en jouant sur l'angle facial, donné plus de volume aux cheveux – suggèreraient-ils, comme on l'a parfois vu, la crinière du lion ? –, allongé et arqué davantage le nez dont il a modifié aussi l'extrémité, comme en écho à ce que rapporte Juste Olivier[13] : « Son nez est un peu *renflé* vers le bout, ce qui lui donne quelque chose de peu agréable[14]. » À noter également, en partie cachée par le col, une coupelle qui évoque le poison versé dans certains drames.

La lithographie reproduit fidèlement ce qui figure sur la base droite de la statuette et qui raille l'écrivain romantique : un rébus jouant sur son nom (hache – U – g – os) et une tête de mort[15].

Désormais, les caricatures de Victor Hugo exploiteront le motif du vaste front et de la grosse tête, aux deux sens de l'expression. Ainsi, en 1842, dans sa *Physiologie du poète*, illustrée par Daumier, Sylvius (pseudonyme de Texier) proposera un chapitre intitulé « Le poète olympien[16] », qui fait, à l'évidence, référence à Hugo, d'autant que le frontispice représente, assis dans un fauteuil, au milieu de nuages et d'éclairs, un homme au front éminent et à la tête nimbée de rayons, parodie du poète qui médite.

« Mr. **V. H.**, la plus forte tête romantique » (*Le Charivari*, 12 octobre 1836, fig. 2) est sans doute l'une des charges les plus accomplies de cette époque. S'inspirant du tableau de Châtillon, *Victor Hugo et son fils Victor* (1836), l'artiste[17] accorde plus

9. *Le Courrier français*, 7 janvier 1833 (cité par Philippe Sorel, conservateur au Musée Carnavalet, que je remercie pour son aide précieuse, *op. cit.*).

10. « Hypothèse physiologique de Gall, dans laquelle il considère le cerveau comme constitué par de nombreuses parties ou organes, dont chacun sert à une affection, à un instinct, à une faculté particulière » (Émile Littré, *Dictionnaire de la langue française*).

11. Cité par Ségolène Le Men, in « Les portraits-charges de Victor Hugo », pp.16-22, *Les Nouvelles de l'estampe*, mars 1986. On ne saurait trop renvoyer à cet article qui s'intéresse notamment au « crâne géant », aux « panthéons et grosses têtes » de Victor Hugo.

12. Le court article qui suit la charge d'après Dantan se termine ainsi : « Comme nous avons publié dernièrement, dans *Le Charivari*, les portraits, d'après nature, de ces deux écrivains [Hugo et Dumas], nos lecteurs des départements pourront, ainsi que nous l'avons déjà dit, s'assurer que, dans les bustes de Dantan, la charge ne nuit pas à la vérité de la ressemblance ».

13. « Visite à Victor Hugo, le mercredi 21 juillet [1830] », in *Édition chronologique* de Jean Massin, tome III, p.1461.

14. C'est un Victor Hugo au nez presque « en patate » que dessine à la plume Mérimée lors d'une séance de l'Académie française, vers 1840. L'extrémité de son nez est encore plus déformée par de Barray dans *L'Album théâtral* n°1 (s.d.), où Hugo apparaît en angelot, nu, en compagnie d'« acteurs » et d'« auteurs », dont Balzac et Dumas.

15. Le motif en creux de la base gauche représente une faux et un sabre en sautoir. Au dos du col, certaines statuettes font apparaître les noms de « Racine » et de « Boileau ».

16. « Voici le signalement du poëte Olympien : Chevelure Apollonienne ; Front Shaksperien (*sic*) ; Nez Cornélien ; Bouche Ronsardienne ; Menton Byronien. Signes particuliers : Le ruban de la Légion d'Honneur » (Hugo a été fait chevalier de la Légion d'Honneur en 1825, officier en 1837).

17. Benjamin Roubaud, selon Aglaüs Bouvenne (*Victor Hugo, ses portraits, ses charges*, 1879) ; Honoré Daumier, selon *Le Charivari* du 13 novembre 1901.

d'importance à la tête qu'au reste du corps : le front est, une nouvelle fois, valorisé. L'écrivain qui a publié l'année précédente *Les Chants du crépuscule* et qui tient dans sa main des feuilles où apparaît le mot « poème », est assis dans une cathèdre ; au lointain semblent se profiler les tours de Notre-Dame mentionnées dans le texte qui commente la caricature : « Cette charge dantanesque représente M. Victor Hugo, l'auteur de *Notre-Dame de Paris* et des *Orientales*, qui depuis.... Heureusement l'école romantique peut aussi bien se passer des *services* de M. Victor Hugo que la patrie des *services uniformes* de M. Alexandre Dumas (de Cocagne). »
On retrouve Victor Hugo dans une attitude très proche[18] de celle-là dans une charge de Daumier (*Le Charivari* du 5 avril 1843[19], fig. 10). Toujours assis dans une cathèdre, avec un large front d'autant plus visible qu'il se situe à mi-hauteur du dossier, le poète n'est plus seul : d'autres « saltimbanques » (Jules Janin, David d'Angers, Berlioz, P. Delaroche) l'entourent sur une estrade de baraque foraine. Une sorte de Robert Macaire fait la parade : « Vous voyez ici les grandes célébrités de la France littéraire, musicale et artistique, ils ont tous 36 pieds au-dessous du niveau de la mer.... ». On l'aura compris : l'écrivain « théâtral[20] » n'est qu'un personnage de foire, soucieux des seules apparences.
La caricature, qui est toujours en étroite relation avec l'actualité, n'oublie pas le dramaturge. Ainsi, la charge de de Barray, « Les romantiques chassés du Temple[21] » (*La Caricature provisoire* du 23 décembre 1838, fig. 5), illustre l'ouverture d'un « Second Théâtre-Français », le Théâtre de la Renaissance, destiné à accueillir « le drame, la comédie et l'opéra-comique » : on y voit Hugo qui a quitté précipitamment la Comédie-Française emportant « blague », « poison », « *Ruy Blas*[22] », en même temps que Dumas et Frédérick-Lemaître. Le « dessin » est expliqué en ces termes : « M. de Barray, qui estime beaucoup le talent de Mlle Rachel, nous la montre cependant sous des traits peu flattés : c'est qu'elle est ici la personnification de la tragédie renouvelée des Grecs, que l'artiste n'aime guère, et d'une administration théâtrale qu'il n'aime pas. Les romantiques, chassés du temple Védel [directeur du Théâtre-Français], se réfugient dans celui de la Renais-cendre, et font fort bien. »

18. On est frappé par la similitude qui existe entre la forme du visage de Victor Hugo que lui donne Daumier, et celle que dessinera Lorentz dans ses *Illustrations de l'Encyclopédie pittoresque du Calembour* (*Le Charivari*, 11 février 1842 (fig. 8) : faut-il y voir une sorte de poire à l'envers, qui renverrait aux célèbres caricatures représentant Louis-Philippe ? (cf. Ségolène Le Men, *art. cit.*)
19. Elle a déjà été publiée dans *La Caricature* du 30 avril 1839 avec ce commentaire : « M. Victor Hugo [...] s'était réfugié au fond du Marais parce que dans ce pays lointain seulement il pouvait trouver la tranquillité et des plafonds assez élevés pour ne pas être crevés par le *crâne géant* de l'auteur de *Notre-Dame de Paris* ».
20. Mot de Sainte-Beuve, cité par Pierre Georgel, in *La gloire de Victor Hugo*, p.125.
21. Allusion parodique à l'*Évangile* de Saint-Marc, « Les vendeurs chassés du Temple ».
22. La première du drame a lieu au Théâtre de la Renaissance le 8 novembre 1838.

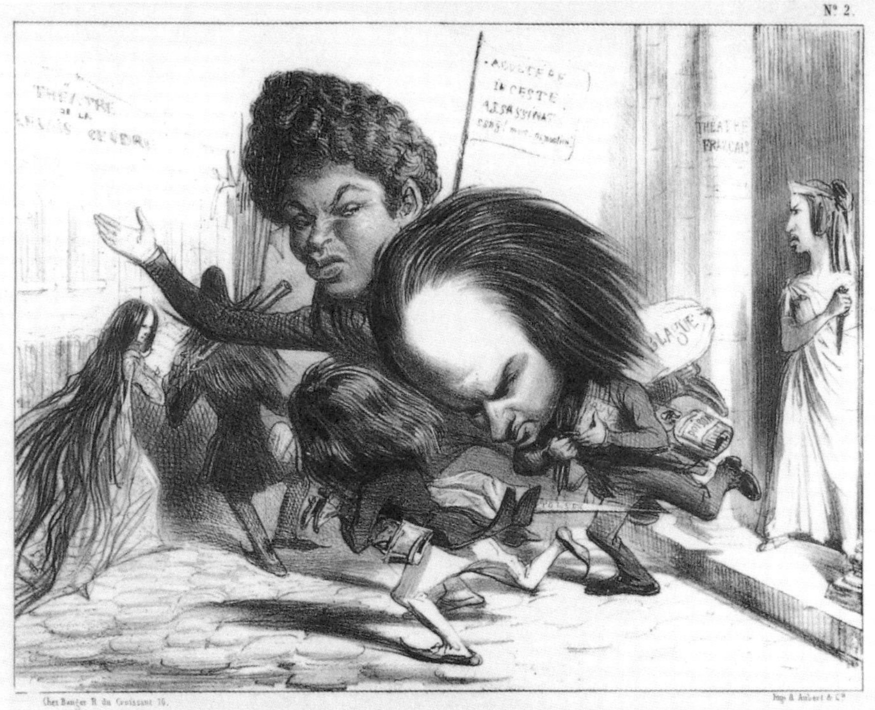
N° 2.
THÉATRE FRANÇAIS
BLAGUE

Fig. 5

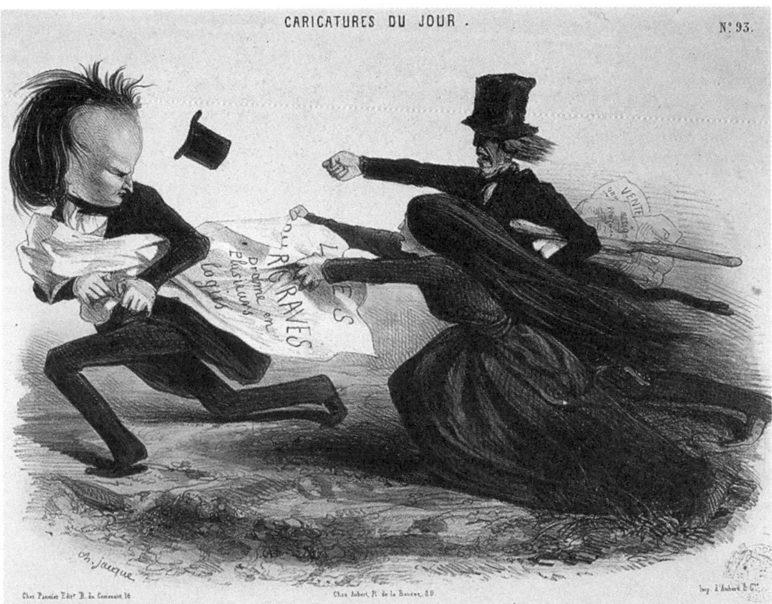
CARICATURES DU JOUR.
N° 93.
LES BURGRAVES Drame en plusieurs Logies
VENTE
Ch. Jacque
UNE TRAGÉDIENNE JOUANT UNE SCÈNE DE HAUTE COMÉDIE.
– Voulez-vous bien me lâcher... mauvaise sorcière!... – Non!.. enfer et dannation!... à moi les huissiers, les dossiers et les justiciers... mon rôle... mon rôle... mon rôle... je veux mon rôle même quand le public ne veut plus de la pièce... plutôt la mort que la honte!.. – Cette maxime n'est pas neuve, mais elle est bien désolante!...

Fig. 6

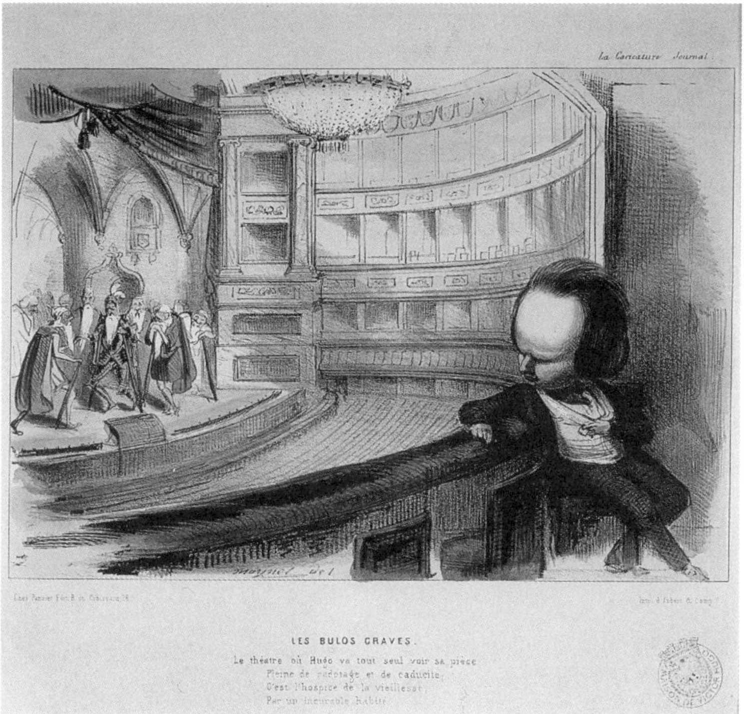

Fig. 7

Fig. 5
Les romantiques chassés du temple, de Barray, *La Caricature provisoire*, n° 8, 23 décembre 1838.
Lithographie
MVHP - E - 436

Fig. 6
Une tragédienne jouant une scène de haute comédie, Jacque, Caricatures du jour, n° 93, *Le Charivari*, douzième année, n° 77, 18 mars 1843.
Lithographie
MVHP - E - 444

Fig. 7
Les Bulos Graves, Moynet, *La Caricature, revue satirique des modes, des théâtres, de la musique, des tribunaux et de la littérature*, quatrième série, n° 14, 2 avril 1843.
Lithographie
MVHP - E - 445

Dans les jours qui suivent la première des *Burgraves*[23] (7 mars 1843), les charges se multiplient : d'abord pour évoquer le procès intenté à Hugo par Mlle Maxime, dépossédée du rôle de Guanhumara au profit de Mme Mélingue (Ch. Jacque dans *Le Charivari*[24], 18 mars 1843, fig. 6), puis pour souligner l'échec de la pièce[25].

Le 31 mars, dans *Le Charivari*, Daumier représente, de profil, devant une affiche de sa pièce, l'auteur – abondante chevelure sur les tempes et la nuque, ce qui accentue l'importance du front – en train d'observer une comète. Un quatrain traduit ses pensées :

« Hugo, lorgnant les voûtes bleues,
Au Seigneur demande tout bas
Pourquoi les astres ont des queues
Quand les Burgraves n'en ont pas. »

Deux jours plus tard, Moynet, dans *La Caricature* (« Les Bulos Graves », fig. 7), montre Hugo assis, seul, dans la salle du Théâtre-Français, regardant la scène où des comédiens à longues barbes s'appuient sur des béquilles et des cannes. Une fois de plus, l'artiste donne au front, ici en pleine lumière, et à la tête un volume exagéré. Un quatrain en guise de légende est tout aussi significatif que le précédent :

« Le théâtre où Hugo va tout seul voir sa pièce
Pleine de radotage et de caducité ;
C'est l'hospice de la vieillesse,
Par un incurable habité. »

Il est complété par un article intitulé « M. Victor Hugo au Théâtre-Français » : « [...] On trouve chaque soir des billets de toutes places à la porte du Théâtre-Français, et bien au-dessous du cours. Nous ne voulons pas prétendre que le spectateur qui s'aventurera dans cette triste salle se trouvera complètement dans l'isolement, – non, il est certain d'y rencontrer au moins M. Victor Hugo qui persiste à trouver cette pièce ‑un chef-d'œuvre –, et à s'intituler le *Napoléon du drame moderne* ! »

Si les deux premiers échecs de Victor Hugo à l'Académie française, en février et décembre 1836, ne retiennent pas l'attention des caricaturistes, il en va autrement pour son nouvel échec[26] en décembre 1839.

23. La pièce est jouée au Théâtre-Français.
24. La légende, « Une tragédienne jouant une scène de haute comédie » joue elle-même sur le mot « maxime » : « – Voulez-vous bien me lâcher... mauvaise sorcière !... – Non !.... enfer et dannation (*sic*) !... à moi les huissiers, les dossiers et les justiciers... mon rôle... mon rôle... mon rôle... je veux mon rôle même quand le public ne veut plus de la pièce... plutôt la mort que la honte !... – Cette **maxime** n'est pas neuve, mais elle est bien désolante !... »
25. Il n'y aura que trente-trois représentations.
26. Hugo est à nouveau battu lors des élections du 20 février 1840.

Quelques jours avant, *La Mode* (23 novembre 1839), dans une lithographie anonyme, a présenté l'écrivain, les bras chargés d'ouvrages, accompagné de Dumas et de Balzac, qui se voit refuser l'entrée de l'« hôpital académique, asile littéraire pour les vieillards », par une vieille femme, allégorie décrépite de l'Académie française, dont les propos sont rapportés dans la légende : « Vous êtes jeunes et forts et vous demandez les Invalides ! Vous voulez donc voler le pain des pauvres vieillards ?......... Allez travailler grands Feignans (*sic*) !........ »

La « Grande course au clocher académique » de Grandville (*La Caricature*, 29 décembre 1839, fig. 14) est célèbre : Victor Hugo, à l'air renfrogné, « Pape littéraire coiffé de Notre-Dame de Paris[27] et entouré de ses enfans (*sic*) de chœur[28] », et monté sur des « Piédestaux-bots de la fabrique de l'auteur », est devant la porte de l'Académie française en compagnie, notamment, de Vigny, Dumas et Nerval.

Élu le 7 janvier 1841, Hugo prononce le 3 juin son discours d'investiture dans lequel *La Revue des Deux Mondes* voit « un programme de ministère ». Les nombreuses allusions qu'il fait à Napoléon Ier[29] et à sa gloire, se retrouvent dans une vignette[30] du *Charivari* (1er janvier 1842) qui illustre l'année écoulée : l'académicien, le front toujours aussi vaste et bombé, le chapeau de l'empereur sur la tête, est en train de regarder le premier feuillet de son très volumineux « discour (*sic*) de réception », où l'on peut lire « Napoléon Moi – Moi Richelieux (*sic*) – Napoléon Moi – L'Art Moi ». La publication des *Chants du crépuscule* (1835), des *Voix intérieures* (1837), des *Rayons et des Ombres* (1840), ne fait l'objet d'aucun portrait-charge du poète ; en revanche, celle du *Rhin* (1842) est exploitée par Daumier : *La Caricature* du 13 mars 1842 (fig. 13) présente les « Impressions de voyage d'un grand poëte ». L'embonpoint de Hugo semble répondre à celui du solide boucher sur le pas de sa porte, mais leurs tenues s'opposent : vêtement élégant pour le premier, qui tient un claque à la main, tablier et bonnet pour le second. Que vient faire l'écrivain dans un tel lieu ? Réponse est donnée dans la légende qui reproduit, avec quelques omissions, des phrases

27. Grandville s'est sans doute inspiré pour cette mitre originale d'une « caricature sculptée » de Tétard, reproduite dans le *Musée des artistes* (1839) sous le titre « Théâtre de la galerie Tétard ».
28. L'inscription qui figure sur une page du livre tenu par l'un des « enfans (*sic*) de chœur » – « Le laid c'est le beau » – est la transposition parodique de ce que développe le dramaturge dans la « Préface » de *Cromwell* – le laid « existe à côté du beau » –, et elle sera reprise par Benjamin Roubaud dans son « Grand Chemin de la Postérité » (1842-1843) : chevauchant Pégase, Hugo, « Roi des Hugolâtres, armé de sa bonne lame de Tolède et portant la bannière de Notre-Dame de Paris, est suivi de ses principaux partisans ».
29. Ses cendres ont été transférées aux Invalides le 15 décembre 1840.
30. En légende : « Juin. – Signe du discours. (Ainsi nommé à cause des trois heures de lecture que s'est permise l'Académie, sous prétexte de la réception de M. Victor Hugo »).

du *Rhin* : le voyageur a voulu découvrir « une des curiosités de Francfort [...]. Il est impossible de voir un plus splendide amas de chair fraîche. Les bouchers sanglants et les bouchères roses causent avec grâce sous des guirlandes de gigots. Un ruisseau rouge [...], dont deux fontaines jaillissantes modifient à peine la couleur, coule, et fume au milieu de la rue ». Le réalisme de l'artiste est commenté dans le journal : « Daumier a aussi compris les impressions de voyage de M. Victor Hugo sous leur aspect le plus poétique, et sans s'inquiéter des ergoteries scolastiques et pédantesques des critiques, il a voulu traduire par le crayon l'une des pages les plus remarquables de ce voyage poétique ; – transporté d'admiration par la description de la rue de la *Boucherie* à Francfort, il a jeté sur la pierre un croquis dont l'éditeur de M. Victor Hugo illustrera sans doute la seconde édition du *Voyage sur le Rhin*, – œuvre immense dans laquelle l'auteur parle de tout –, et même un peu du Rhin ».

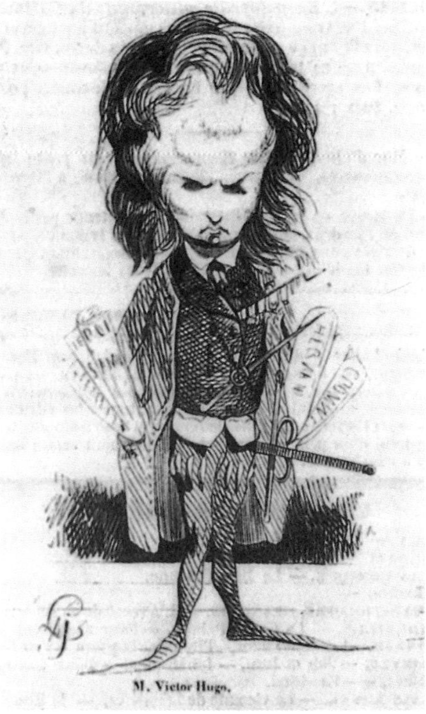

Fig. 8

Fig. 8
M. Victor Hugo, Lorentz, Illustrations de l'Encyclopédie pittoresque du calembour, *Le Charivari*, onzième année, n° 42, 11 février 1842. Lithographie
MVHP - E - 3009

La charge de Benjamin Roubaud, dit Benjamin, publiée à plusieurs reprises dans *Le Charivari* entre le 9 et le 22 décembre 1841 (fig. 4), reprend les principales caractéristiques des caricatures de Victor Hugo pour cette période qui précède son entrée en politique : une grosse tête, digne d'un « homme in-folio » [31], un vaste front d'autant plus visible qu'il semble éclairé et qu'il contraste avec un environnement sombre. Entre Notre-Dame et un sabbat de sorcières, le surhomme semble indifférent à ses thuriféraires lilliputiens et à ses admirateurs qui viennent pourtant baiser ou étreindre ses chaussures. La position éminente[32] qu'il occupe, il la doit à ses œuvres sur lesquelles il est assis, ainsi qu'au Théâtre-Français et à l'Académie française sur lesquels il pose les pieds. On peut se demander si Benjamin a voulu représenter un écrivain qui médite ou un homme dont le regard est concentré sur son coffre de « rentes ».

31. L'une des variantes du poème-légende, à l'imitation des *Djinns*, commence par :
« Hugo !!!
Cet homme
In-folio [...] »

32. Dans ses *Prédictions extraordinaires du grand Abracadabra découvert dans les Odes et Ballades par Victor Hugo* (1842), G.M. Dairnvoeu dessine, dans un même décor parisien, un Victor Hugo qui s'inspire de celui de Benjamin, mais il le représente assis sur la coupole de l'Institut de France.

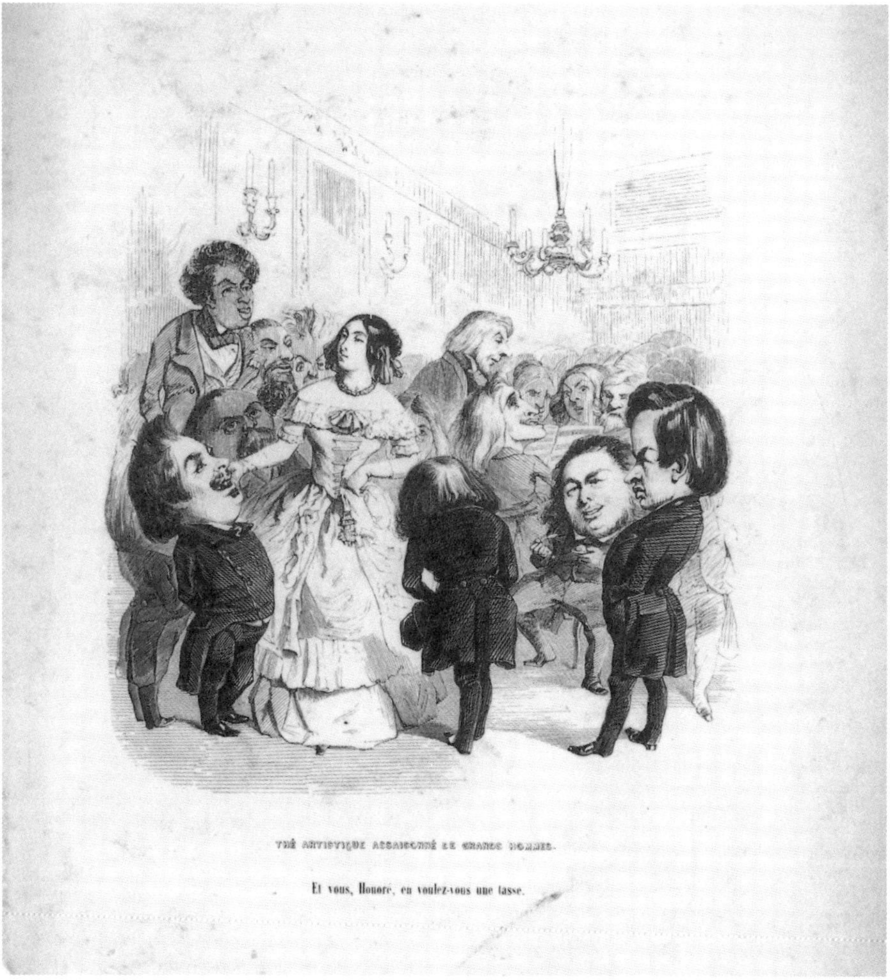

Fig. 9

Fig. 9
Thé artistique assaisonné de grands hommes, Grandville, *L'Illustration, journal universel*, n° 142, vol. VI, 15 novembre 1845.
Lithographie
MVHP - E - 3012

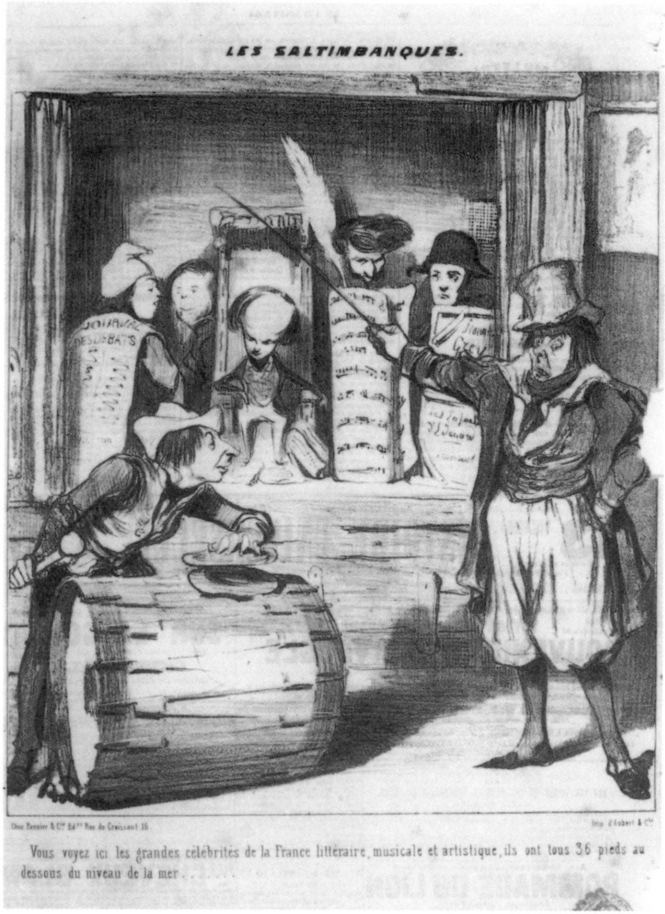

Fig. 10

Fig. 10
Les saltimbanques, Daumier,
Le Charivari, douzième année, n° 95,
5 avril 1843.
Lithographie
MVHP - E - 3011

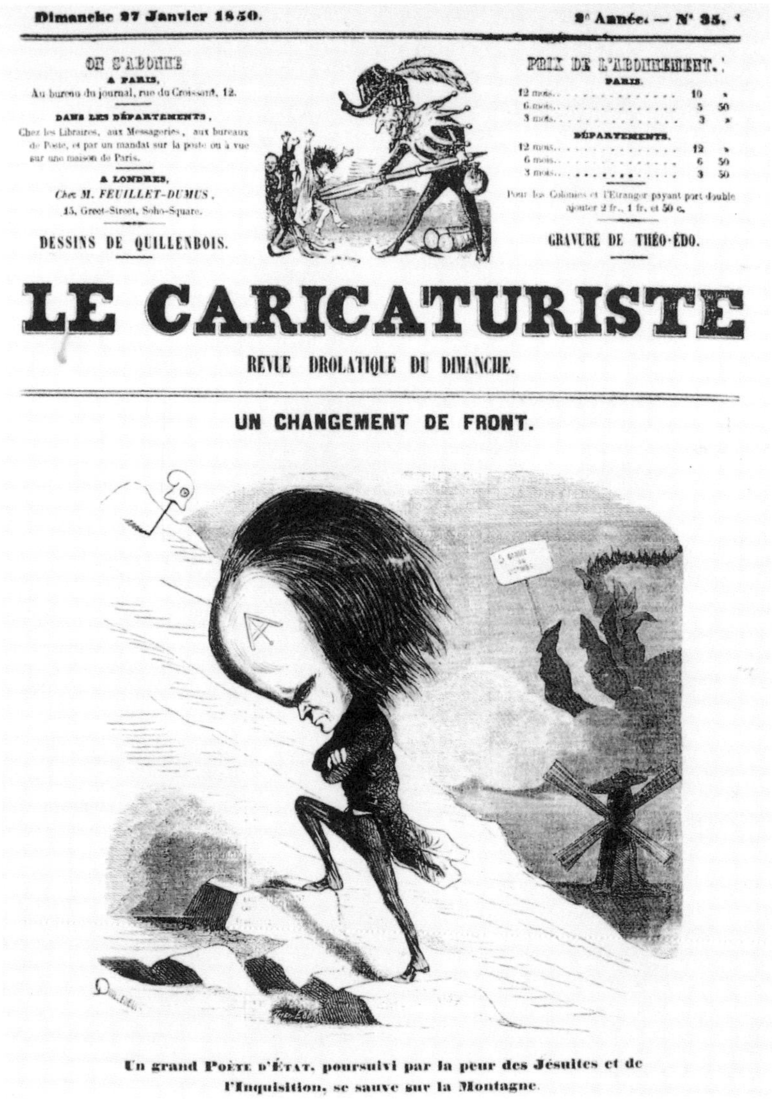

Dimanche 27 Janvier 1850. 2e Année. — N° 35.

ON S'ABONNE
A PARIS,
Au bureau du journal, rue du Croissant, 12.

DANS LES DÉPARTEMENTS,
Chez les Libraires, aux Messageries, aux bureaux de Poste, et par un mandat sur la poste ou à vue sur une maison de Paris.

A LONDRES,
Chez M. FEUILLET-DUMUS,
15, Greek-Street, Soho-Square.

DESSINS DE QUILLENBOIS.

PRIX DE L'ABONNEMENT.

PARIS.

12 mois	10	»
6 mois	5	50
3 mois	3	»

DÉPARTEMENTS.

12 mois	12	»
6 mois	6	50
3 mois	3	50

Pour les Colonies et l'Etranger payant port double ajouter 2 fr., 1 fr. et 50 c.

GRAVURE DE THÉO-ÉDO.

LE CARICATURISTE

REVUE DROLATIQUE DU DIMANCHE.

UN CHANGEMENT DE FRONT.

Un grand Poète d'État, poursuivi par la peur des Jésuites et de l'Inquisition, se sauve sur la Montagne.

Fig. 11

Fig. 11
Un changement de front, Quillenbois,
Le Caricaturiste, revue drolatique du dimanche, troisième année, n° 35,
27 janvier 1850.
Lithographie
MVHP - E - 3021

UN CHANGEMENT DE FRONT (1848-1851)

La dernière des « phases successives que [s] a conscience a traversées en s'avançant sans cesse et sans reculer un jour [...] vers la lumière », date, selon Hugo, de 1849 où il devient « libéral-socialiste-démocrate-républicain ».

Pair de France depuis 1845, il a tenté, en février 1848, de proclamer la régence ; élu à la Constituante, il soutient la candidature de Louis-Napoléon Bonaparte, et se présente avec succès aux élections législatives, en mai 1849, mais il s'éloigne progressivement du Parti de l'Ordre, et ses grands discours à l'Assemblée traduisent sa rupture définitive avec la droite. Il sera l'un des députés qui s'opposeront au coup d'État du 2 décembre 1851.

La caricature aura donc beau jeu de souligner cette évolution et de forger « l'image d'un Hugo opportuniste et versatile[33] ».

Le journal *L'Événement*, créé en juillet 1848 et dirigé par Charles et François-Victor Hugo, Paul Meurice et Auguste Vacquerie, va faire le bonheur des publications satiriques pendant de très nombreux mois. Ainsi, le 5 août 1848, *La Silhouette* (fig. 25) présente un long article illustré de plusieurs caricatures en ombres chinoises : Hugo, vu de profil, avec un front des plus hauts et un nez turgescent ; « la plume d'Oflempio » (*sic*), posée sur un livre et portée par de petits personnages, dont Dumas, qui suivent l'écrivain, un étendard sur l'épaule, grosse tête, petit corps, cheveux au vent, ébouriffés ; Hugo, statufié[34], tête aussi volumineuse que le corps, assis sur un socle devant lequel se prosterne un admirateur. L'article, intitulé « L'événement », commence par ces mots : « Ce titre est presque un calembour, je dirais même que c'en est un des plus complets, si la question ne me paraissait trop grave pour prêter à la plaisanterie. Cet événement dont il s'agit n'est autre chose qu'un journal qui vient de paraître, sous la rédaction en chef de M. Victor Hugo. Ce journal n'a-t-il pas bien le droit de s'appeler *L'Événement* ? Si c'est un jeu de mots, à qui la faute ? » La suite tourne en dérision « l'arrière-ban des romantiques restés fidèles à sa cause », qui ont participé à la nouvelle publication.

33. Chantal Martinet, in *La gloire de Victor Hugo*, p.246.
34. C'est l'une des premières représentations de Hugo en statue, et elle est ainsi commentée : « Décidément les dieux s'en vont. L'idole de la place des Vosges (ci-devant Royale) est en baisse. La statue sonne creux ».

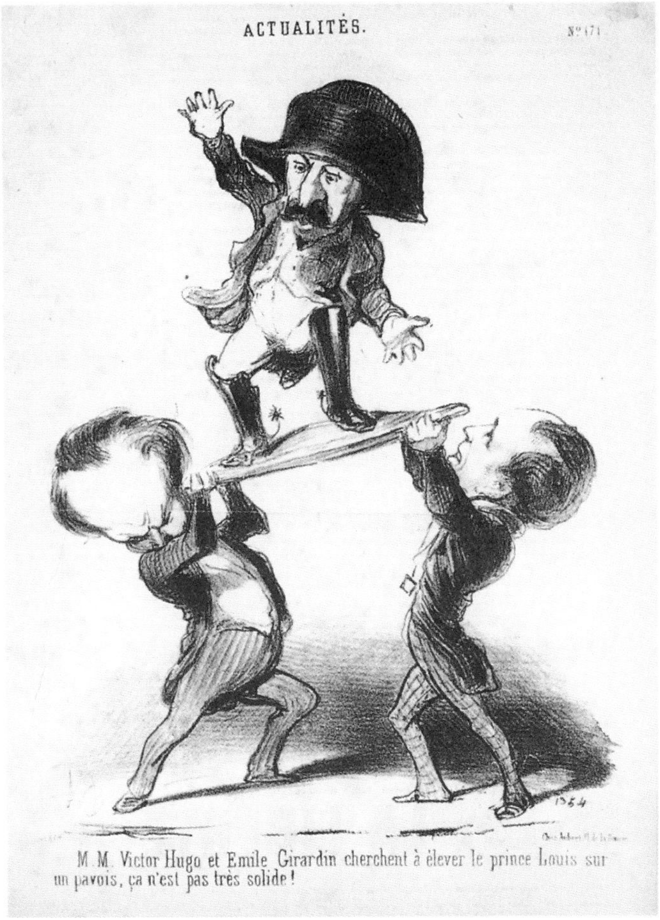

Fig. 12

Fig. 12
Actualités – n° 171, Daumier,
Le Charivari, dix-septième année,
n° 346, 11 décembre 1848.
Lithographie
MVHP - E - 3014

Fig. 13
Impressions de voyage d'un grand poète, Daumier,
La Caricature, revue satirique des modes, des théâtres, de la musique, des tribunaux et de la littérature,
troisième série, n° 11, 13 mars 1842.
Lithographie
MVHP - E - 541

Fig. 14
Grande course au clocher académique,
Grandville, *La Caricature, revue morale, judiciaire, littéraire, artistique, fashionable et scénique*, n° 61, première année, deuxième série, 29 décembre 1839 (double planche lithographiée par Desperet, entre décembre 1839 et février 1840).
Lithographie
MVHP - E - 2815

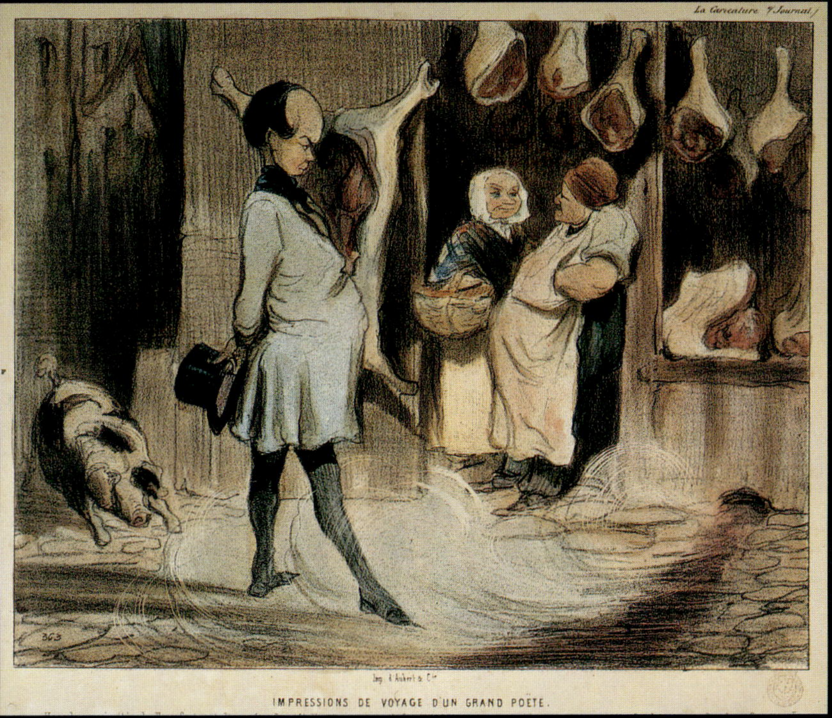
La Caricature (Journal)
Imp. d'Aubert & Cie
IMPRESSIONS DE VOYAGE D'UN GRAND POETE.

Fig. 13

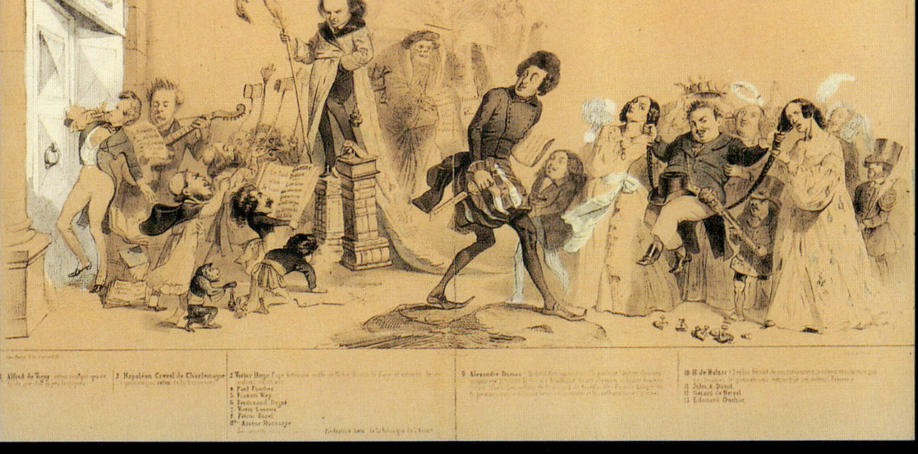
GRANDE COURSE AU CLOCHER ACADÉMIQUE.
ACADÉMIE FRANÇAISE
1. Alfred de Vigny
2 Napoléon Crevel de Charlemagne
3 Victor Hugo
4 Paul Foucher
5 Francis Wey
6 Ferdinand Dugué
8 Pétrus Borel
8bis Arsène Houssaye
9 Alexandre Dumas
10 H. de Balzac
11 Jules A. David
12 Gérard de Nerval
13 Edouard Ourliac

Fig. 14

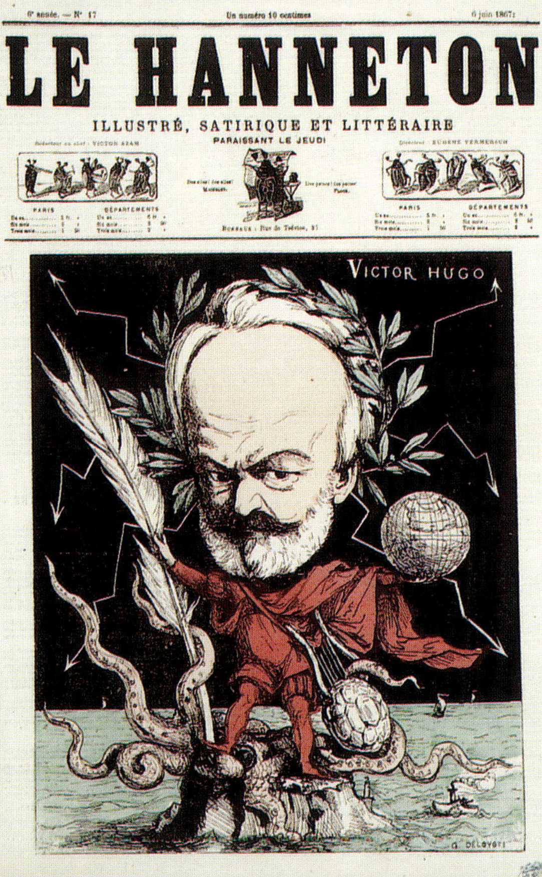

Un numéro 10 centimes — 6 juin 1867

LE HANNETON

ILLUSTRÉ, SATIRIQUE ET LITTÉRAIRE

PARAISSANT LE JEUDI

PARIS	DÉPARTEMENTS

Fig. 15

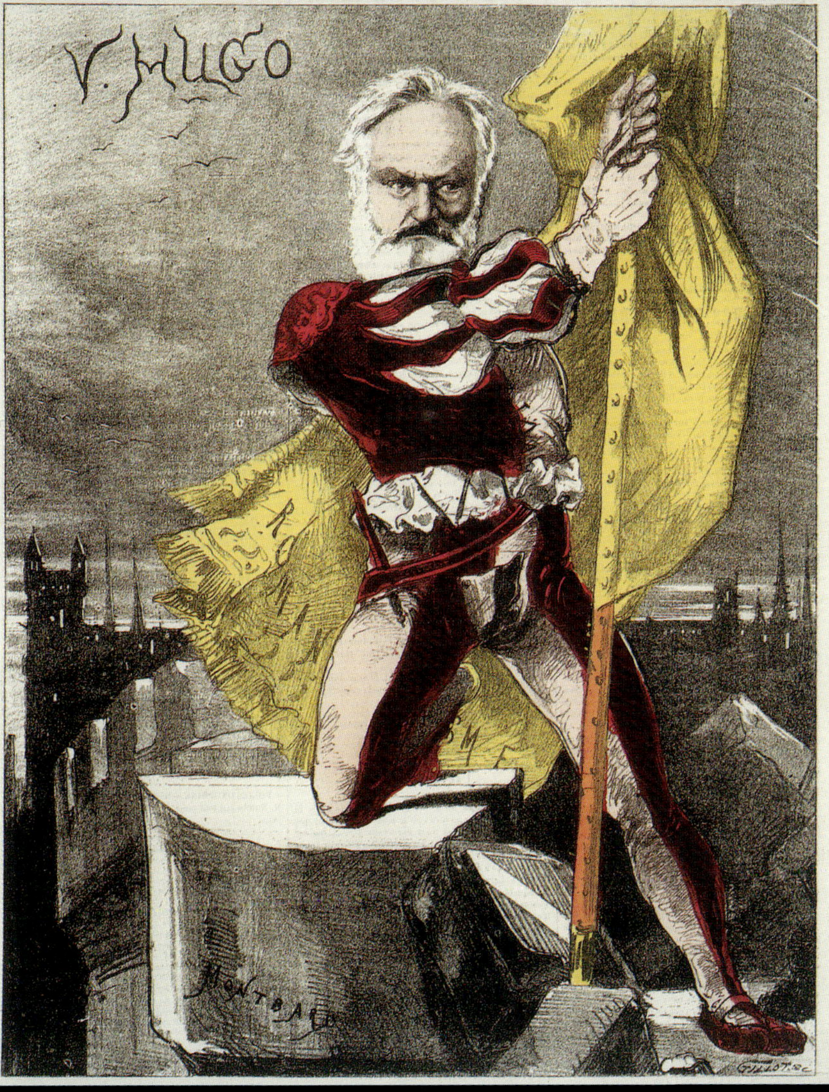

Fig. 16

BORDEAUX : DIX CENTIMES — PARIS ET LES DÉPARTEMENTS QUINZE CENTIMES.

QUATRIÈME ANNÉE. 2e SÉRIE. — N° 39. 17 JANVIER 1869.

LE GAULOIS

RÉDACTION : 61, rue St-Sernin

ADMINISTRATION : Rue Lafayette, 2.

ABONNEMENTS POUR UN AN :		Chaque article reste sous la responsabilité de son signataire. Toutes les réclamations doivent être adressées franco à la rédaction.	ABONNEMENTS POUR SIX MOIS :	
BORDEAUX	F. 6		BORDEAUX	F. 4
PARIS ET LES DÉPARTEMENTS	8		PARIS ET LES DÉPARTEMENTS	5

VICTOR HUGO.

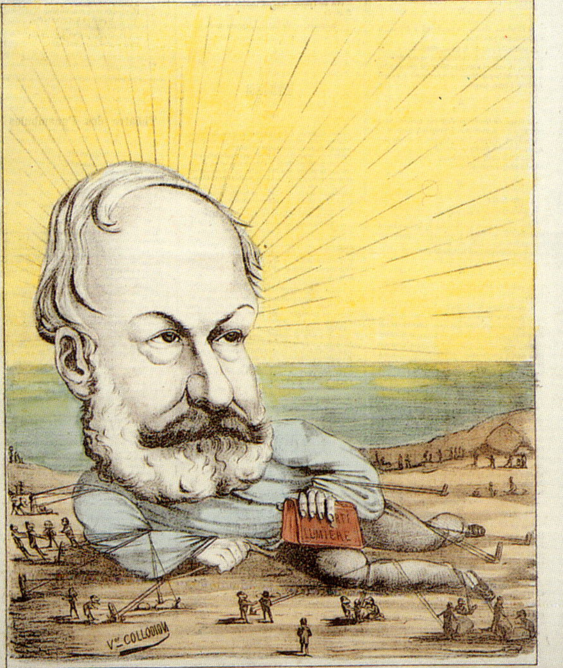

Fig. 17

LE NOUVEAU LIVRE DE VICTOR HUGO — PAR GILL

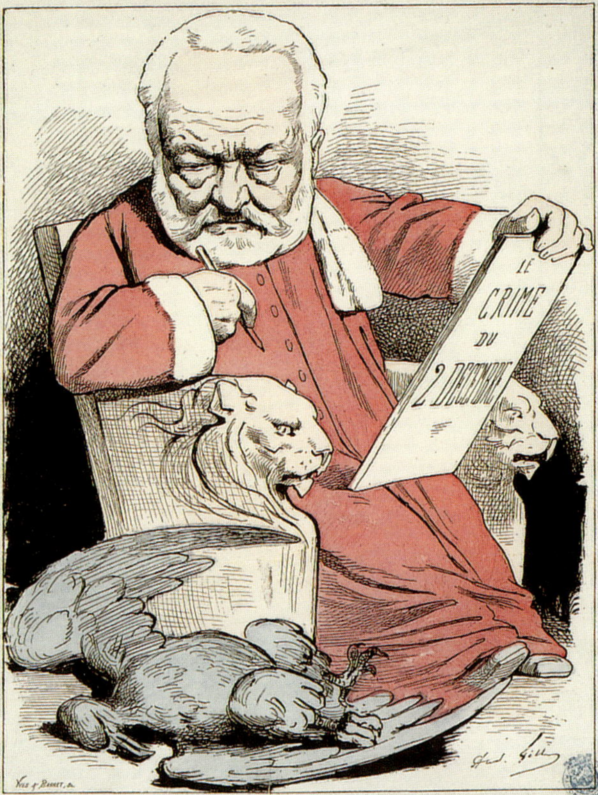

Paris. — Paul GENAY, Imprimeur du journal la Lune rousse.

N° 14. — 7 octobre.

Fig. 18

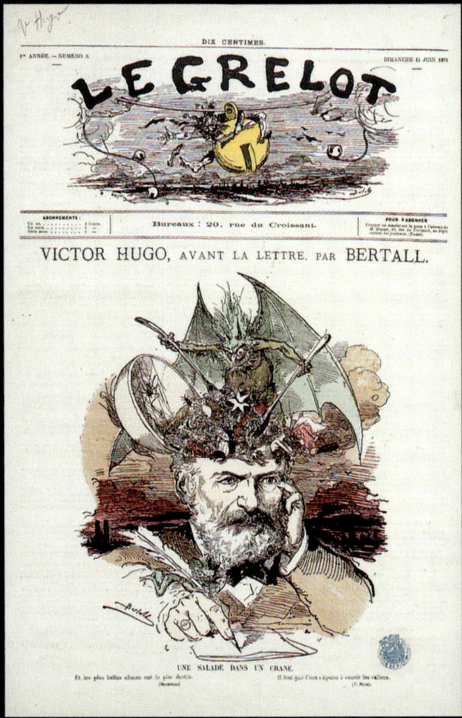

Fig. 20

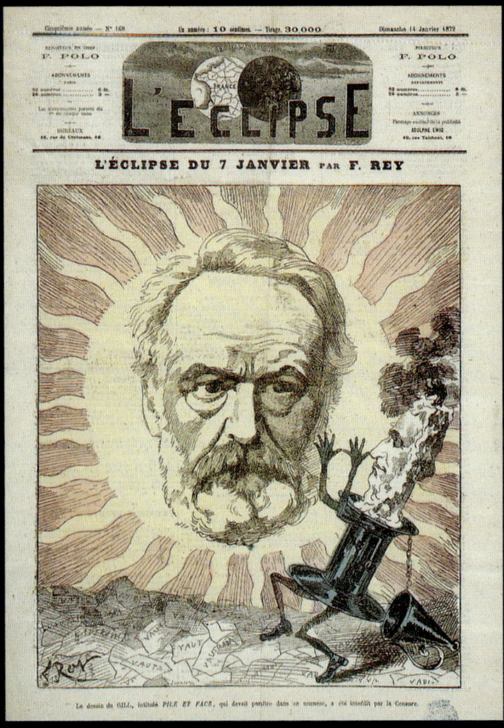

Fig. 19

Fig. 19
L'éclipse du 7 janvier, Rey, *L'Éclipse*, cinquième année, n° 168, 14 janvier 1872.
Lithographie
MVHP - E - 3076

Fig. 20
Victor Hugo, avant la lettre, Bertall, *Le Grelot*, première année, n° 9, 11 juin 1871.
Lithographie
MVHP - E - 3075

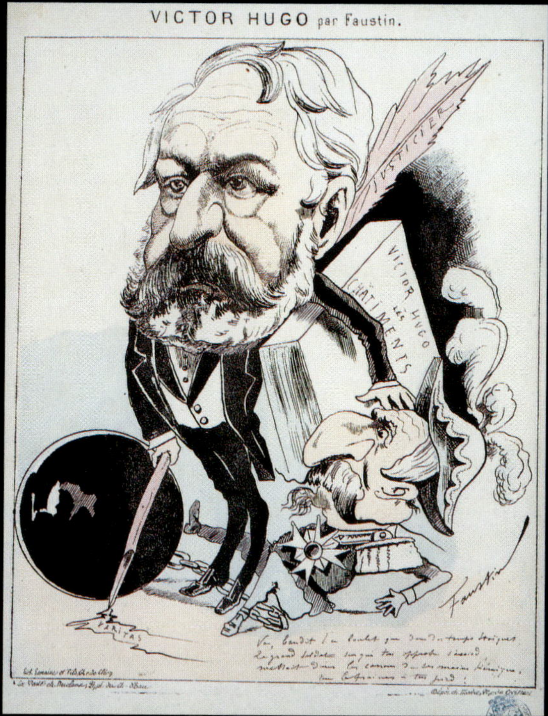

Fig. 21

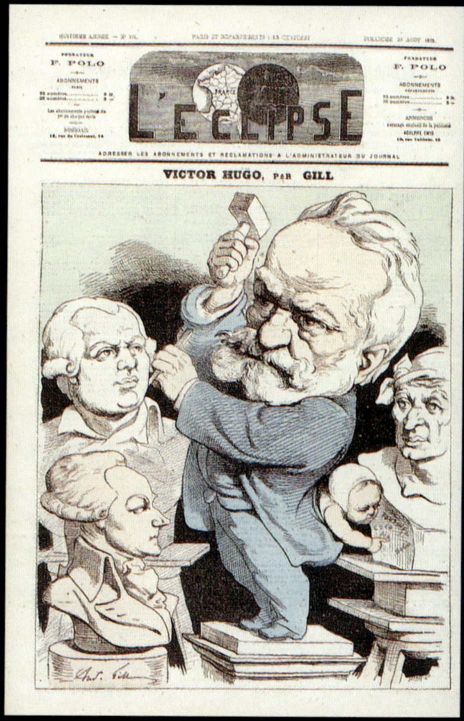

Fig. 22

Fig. 21
Victor Hugo, Faustin, en vente chez Duclaux, 21 place du Château-d'Eau, lithographie de Lemaine et fils, rue de Cléry, dépôt chez Madre, 20 rue du Croissant, novembre 1870.
Lithographie
MVHP - E - 3073

Fig. 22
Victor Hugo, Gill, *L'Éclipse*, huitième année, n° 357, 29 août 1875.
Lithographie
MVHP - E - 2354

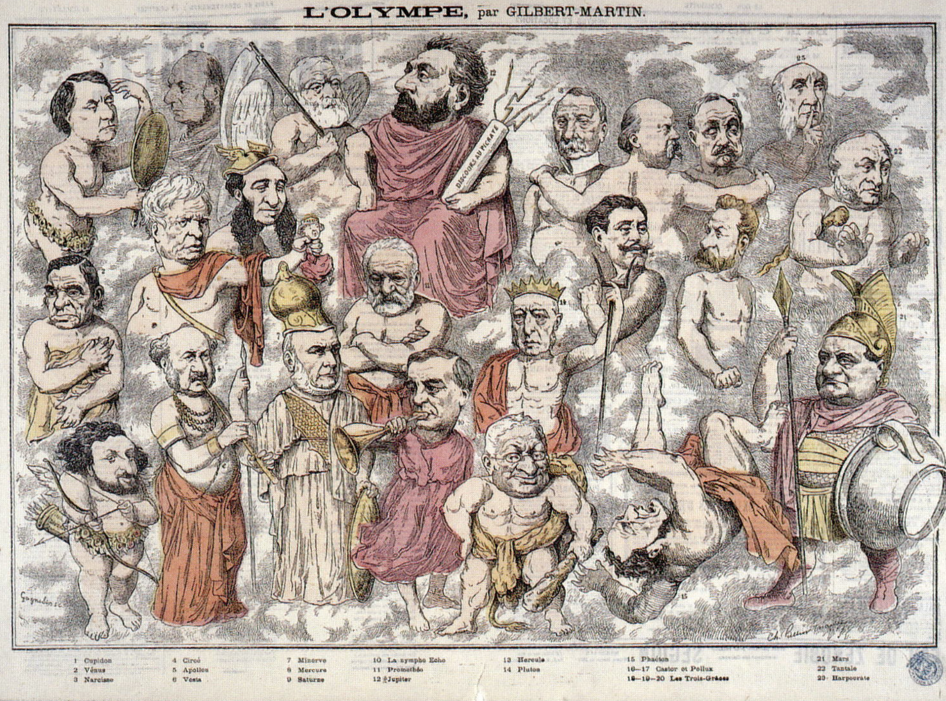
L'OLYMPE, par GILBERT-MARTIN.
DISCOURS AU PICRATE
1 Cupidon
2 Vénus
3 Narcisse
4 Circé
5 Apollon
6 Vesta
7 Minerve
8 Mercure
9 Saturne
10 La nymphe Echo
11 Prométhée
12 Jupiter
13 Hercule
14 Pluton
15 Phaéton
16—17 Castor et Pollux
18—19—20 Les Trois-Grâces
21 Mars
22 Tantale
23 Harpocrate

Fig. 23

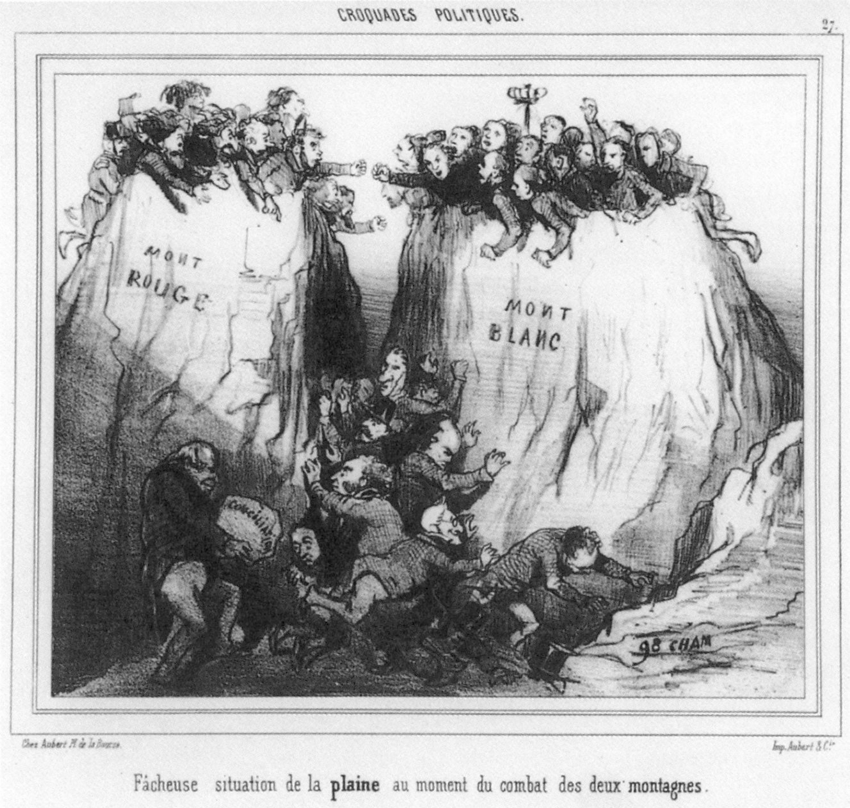

Fig. 24

Fig. 24
Croquades politiques – Fâcheuse situation de la *plaine* au moment du combat des deux montagnes, Cham,
Le Charivari, dix-huitième année,
n° 165, 14 juin 1849.
Lithographie
MVHP - E - 3016

Pour les caricaturistes, *L'Événement* est bien le journal de Hugo, et non celui de ses fils, de Meurice ou de Vacquerie : c'est donc Hugo que l'on retrouve dans toutes les charges qui évoquent ce journal. Par exemple, *L'Album des portraits comiques* (5 août 1848) le montre en crieur de *L'Événement*, qui apparaît soudainement à la fenêtre d'une pièce, surprenant ainsi un homme et son chat. Rigobert le dessine (« Les principaux journaux de Paris allant déposer leur vote », décembre 1848) avec les bottes de Napoléon Ier à la main, et la tête surmontée du titre du journal. Nadar (« Grande fabrique d'ORDRE de la rue de Poitiers », *La Revue comique*, 28 avril 1849) met Hugo (points d'exclamation et de suspension au front) dans un bocal, avec d'autres personnages, près d'une pancarte « *L'Événement* ». On retrouve ces points d'exclamation au front de « Hugo *Olympio*, espèce de Dieu indien, d'après Vacquerie, qui, lassé de contempler en adoration son précieux nombril, s'est fait crieur du soir », dans *Le Journal pour rire* du 26 mai 1849 (Nadar, « Déménagement de l'Assemblée constituante »). Le même journal (2 juin 1849) présente « Hugo, seigneur de *L'Événement* et autres lieux », suivi de Vacquerie en thuriféraire, à califourchon sur un « porc aux choux – *L'Événement* ».

Dans sa « Grande revue des grotesques, passée par *Le Caricaturiste* » (*Le Caricaturiste*, 3 juin 1849), Quillenbois a perché sur une branche Hugo qui empêche un Vacquerie-enfant de tomber :

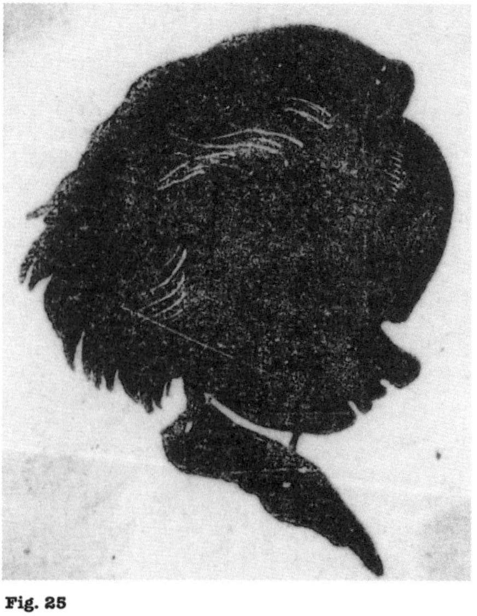

Fig. 25

Fig. 25
L'Événement, Anonyme, *La Silhouette, illustration pour rire*, cinquième année, n° 41, 5 août [1848].
Lithographie
MVHP - E - 3147

celui-ci tient à la main un petit drapeau de *L'Événement*. *Le Journal pour rire* (Gustave Doré, 7 juillet 1849) accompagne sa charge représentant un Hugo à la tête démesurée et assis près de Vacquerie, à proximité d'un panneau «*L'Événement*, journal de l'ordre», d'une légende sévère[35] : «*Olympio* : Grand magasin d'hiatus et d'antithèses politiques et littéraires, hyperboles et logogriphes. – Fabricant d'ordre gâchis, première qualité, breveté de la rue des Postes. – Vanités, emphases et boursouflures de premier choix. – Vers et prose à l'épreuve des révolutions. – Opposition en trompe-l'œil, sans explosion ni odeur, et encouragé de médailles d'or et d'argent par tous les gouvernements».

La caricature de Victor Hugo, inspirateur de *L'Événement*, est souvent associée à celle de son ami Émile de Girardin, fondateur du journal *La Presse*, qui va soutenir aussi un certain temps le futur Prince-Président. Quillenbois en fait même des «Gémeaux» (*Almanach*, 1er janvier 1849), le jeune Émile maintenant le biberon «Socialisme» de Victor[36] qui porte au milieu du front les symboles maçonniques[37] de l'équerre et du fil à plomb, et qui a en bandoulière un mirliton, emblème dérisoire du poète assimilé à un souffleur de vent.

Le même Quillenbois, dans *Le Caricaturiste*, décline maintes fois la paire Hugo-Girardin : thuriféraires, ils «s'entre-encensent avec des parfums achetés à la même boutique» («Descente de la

35. Dans les années 1849-1851, années des grands discours de Victor Hugo à l'Assemblée, ces accusations plus ou moins nuancées reviennent souvent dans les légendes et les articles qui accompagnent ses charges. Ainsi, pour *Le Journal pour rire* (18 août 1849), où Bertall dessine le député (tête aussi grosse que le corps, vaste front) armé d'un filet à papillons, Victor Hugo «se livre à une chasse acharnée de figures de rhétorique et de périphrases magnifiques, ce qui ne l'empêche pas de ramasser parfois de belles et généreuses pensées.» *La Silhouette* (Henri Emy, «Le retour des représentants», 7 octobre 1849) est plus laconique : c'est un «Hugo muni de comparaisons», qui fait sa rentrée parlementaire, en costume anachronique à large fraise.

36. Pour souligner son manque d'expérience en matière politique, on représente parfois Hugo sous les traits d'un enfant, comme dans *Le Journal pour rire* (29 juin 1850) : «Le R.P. Montalembert demande compte au jeune Hugo, âgé de trois ans [on le voit dans une sorte de trotteur, près d'un berceau], de son opinion sur les prérogatives constitutionnelles».

37. Même si Hugo s'est toujours défendu d'une quelconque appartenance à la franc-maçonnerie, ces symboles, parfois accompagnés d'une cocarde tricolore et d'un bonnet phrygien, apparaîtront encore à son front après son retour d'exil.

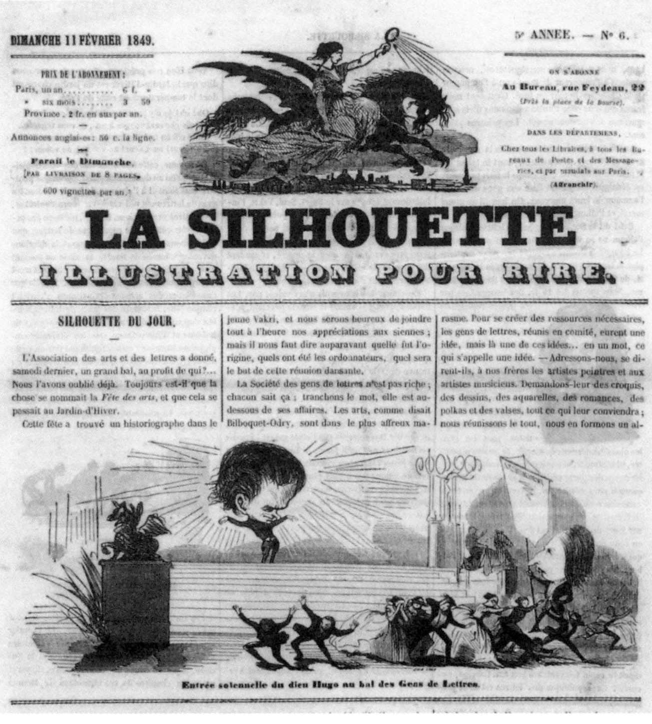

DIMANCHE 11 FÉVRIER 1849.

5e ANNÉE. — No 6.

PRIX DE L'ABONNEMENT :
Paris, un an.......... 6 f. »
» six mois........ 3 50
Province . 2 fr. en sus par an.
Annonces anglaises : 50 c. la ligne.
Paraît le Dimanche,
(PAR LIVRAISON DE 8 PAGES.
600 vignettes par an.)

ON S'ABONNE
Au Bureau, rue Feydeau, 22
(Près la place de la Bourse).
DANS LES DÉPARTEMENS,
Chez tous les Libraires, à tous les Bureaux de Postes et des Messageries, et par mandats sur Paris.
(Affranchir).

LA SILHOUETTE
ILLUSTRATION POUR RIRE.

SILHOUETTE DU JOUR.

L'Association des arts et des lettres a donné, samedi dernier, un grand bal, au profit de qui?... Nous l'avons oublié déjà. Toujours est-il que la chose se nommait la *Fête des arts*, et que cela se passait au Jardin-d'Hiver.

Cette fête a trouvé un historiographe dans le jeune Vakri, et nous serons heureux de joindre tout à l'heure nos appréciations aux siennes ; mais il nous faut dire auparavant quelle fut l'origine, quels ont été les ordonnateurs, quel sera le but de cette réunion dansante.

La Société des gens de lettres n'est pas riche ; chacun sait ça ; tranchons le mot, elle est au-dessous de ses affaires. Les arts, comme disait Bilboquet-Odry, sont dans le plus affreux marasme. Pour se créer des ressources nécessaires, les gens de lettres, réunis en comité, eurent une idée, mais là une de ces idées... en un mot, ce qui s'appelle une idée. — Adressons-nous, se dirent-ils, à nos frères les artistes peintres et aux artistes musiciens. Demandons-leur des croquis, des dessins, des aquarelles, des romances, des polkas et des valses, tout ce qui leur conviendra ; nous réunissons le tout, nous en formons un al-

Entrée solennelle du dieu Hugo au bal des Gens de Lettres.

Fig. 26

Fig. 26
Entrée solennelle du dieu Hugo au bal des Gens de Lettres, [Quillenbois],
La Silhouette, illustration pour rire,
cinquième année, n° 6, 11 février 1849.
Lithographie
MVHP - E - 3015

montagne », « Grrrand galop démocratique et social », 10 février 1850) ; « charlatans », ils proposent, à grand renfort de grosse caisse, un « élixir de bonheur général », Hugo appelant à nommer Girardin « député, ministre, dictateur, empereur » (3 mars 1850) ; Hugo, en femme, avec un tablier « *L'Événement* » et un balai à la main, console un enfant avec un tablier « *La Presse* » : « Ne pleurez pas, Monsieur Mimile… Ces messieurs ont promis de vous mener à la Chambre, si vous êtes bien sage jusqu'en 1852 » (10 mars 1850) ; un échange de « petits cadeaux [qui] entretiennent l'amitié », souligne le peu de crédit qu'il faut accorder à Hugo, « blagator maximus montagnardus » (*Le Caricaturiste*, 21 avril 1850, fig. 30) ; Hugo en marchand de melons « *L'Événement* » regarde Girardin en marchand de melons « *La Presse* », derrière un comptoir surmonté d'un panneau : « Au Père Blague toujours » (« Vente à la tranche, demi-tranche, quart de tranche… C'est indigeste, mais pas cher », 5 mai 1850) ; etc., etc.

Bien que Victor Hugo n'ait rien publié depuis 1843[38], les dessinateurs satiriques n'oublient pas que l'homme politique est aussi un écrivain. Daumier (« Les représentants représentés », *Le Charivari*, 20 juillet 1849, fig. 27) suggèrerait-il que son récent succès aux élections de mai repose sur ses œuvres qui lui servent de piédestal ? Quelques mois plus tôt (21 janvier 1849), *La Silhouette* l'a représenté à la tribune de l'Académie française, devant quelques

38. Une nouvelle édition du *Rhin* paraît en 1845.

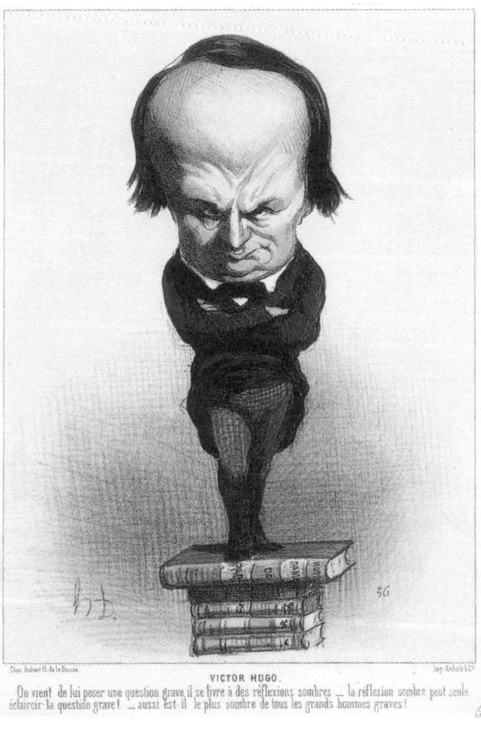

Fig. 27

Fig. 27
Les représentants représentés – Assemblée législative. 13., Daumier, *Le Charivari*, dix-huitième année, n° 201, 20 juillet 1849.
Lithographie
MVHP - E - 3017

auteurs, dont Balzac et Dumas, et des fauteuils surmontés d'une perruque, en train de prononcer un discours sur le théâtre. Le même journal relate dans son numéro du 11 février (fig. 26) la Fête des Arts qui s'est tenue au Jardin d'Hiver : l'« entrée solennelle du dieu Hugo au bal des gens de Lettres » justifie bien son titre car on voit l'écrivain-député au sommet d'un vaste escalier, la tête immense tout auréolée de rayons ; seul, « le jeune Vakri » bannière de *L'Événement* à la main, ose le regarder, alors que les « bourgeois » qui ont donné « 10 fr. pour contempler le front olympien de V. Hugo », s'enfuient, effrayés d'une telle apparition. L'article, « Silhouette du jour », ajoute : « Pourquoi se donner en spectacle, si l'on ne s'appelle V. Hugo ? Ce soir-là, le grand homme « flamboyait » et faisait « son entrée au milieu de ses adorateurs prosternés ». Tout le peuple d'Israël, ne pouvant supporter le feu de ses regards, s'était accroupi, comme les Juifs devant Jéhovah sur le Sinaï. »
Citons encore, parmi bien d'autres charges qui rappellent le passé littéraire de Hugo, celle du *Caricaturiste* (9 décembre 1849, fig. 32) où deux « poètes politiques plus forts sur la *rime* que sur la *raison* » jouent leur partition, en se faisant face : Hugo, concentré, souffle dans sa flûte-mirliton, tandis que Lamartine, hautboïste à l'œil exorbité, semble attendre un regard de l'autre musicien.
Les discours de Hugo inspirent aussi souvent les dessinateurs satiriques. Ainsi, celui qu'il prononce le 15 octobre 1849 sur l'expé-

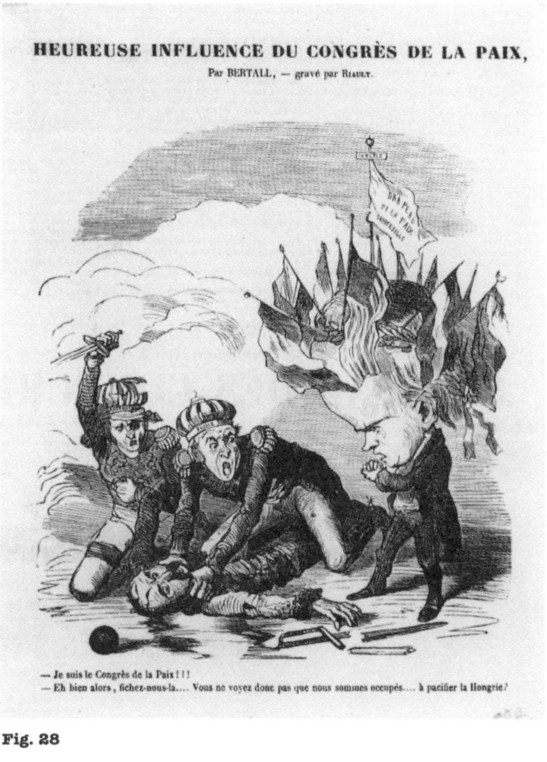

Fig. 28

Fig. 28
Heureuse influence du Congrès de la Paix, Bertall, *Le Journal pour rire*, deuxième année, 1er septembre 1849. Lithographie
MVHP - E - 3018

dition de Rome, est illustré par Quillenbois dans *Le Caricaturiste* du 28 octobre (fig. 33) : l'orateur, dans une posture souvent retenue par les dessinateurs – bras tendus en appui sur le rebord de la tribune, corps et tête penchés en avant[39] –, s'écrie : « Je suis Français !… Vive la république romaine, quand même ! », devant un public, avec bonnets phrygiens et cocardes, qui applaudit ou somnole.

L'intervention de Hugo sur *La liberté de l'enseignement* (15 janvier 1850) se retrouve notamment dans *Le Journal pour rire* (« Encore une loi d'amour et de conciliation ! », 26 janvier), où Nadar donne le beau rôle à Hugo qui, le corps tendu, le visage fermé, est fouetté par le comte de Montalembert, en costume de frère des écoles chrétiennes, ou dans *La Caricature* (« La Tour de Babel », 27 janvier), où Quillenbois dessine Hugo, bras droit replié dans son gilet[40], en train de participer à la construction de l'édifice, passant un pavé « Enseignement gratuit prix 00000056 ».

Quelques jours après son discours sur *Le suffrage universel* (21 mai 1850), Hugo est une nouvelle fois la cible de Quillenbois avec « Un grand homme coulé » (*Le Caricaturiste*, 9 juin, fig. 31) qui a pour légende : « Projet de Statue en *Alliage*, pour faire suite à la médaille de platine offerte par Girouettin à Olympio ». Le rapprochement entre les deux derniers mots du titre suggère d'autant plus l'échec promis à Hugo en raison de sa versatilité et de son opportunisme que Quillenbois le représente appuyé à un long

39. La caricature ne fait qu'amplifier une attitude qui semble naturelle chez Hugo. Dans *Le Rhin* (lettre XXVIII), il se décrit, marchant « l'œil le plus souvent fixé à terre, la tête courbée vers le sentier », attitude retenue par Jean Boucher pour la statue érigée dans les Jardins de Candie, à Saint-Pierre-Port.
40. La pose que l'on retrouvera parfois, n'est pas sans rappeler celle de Napoléon Ier.

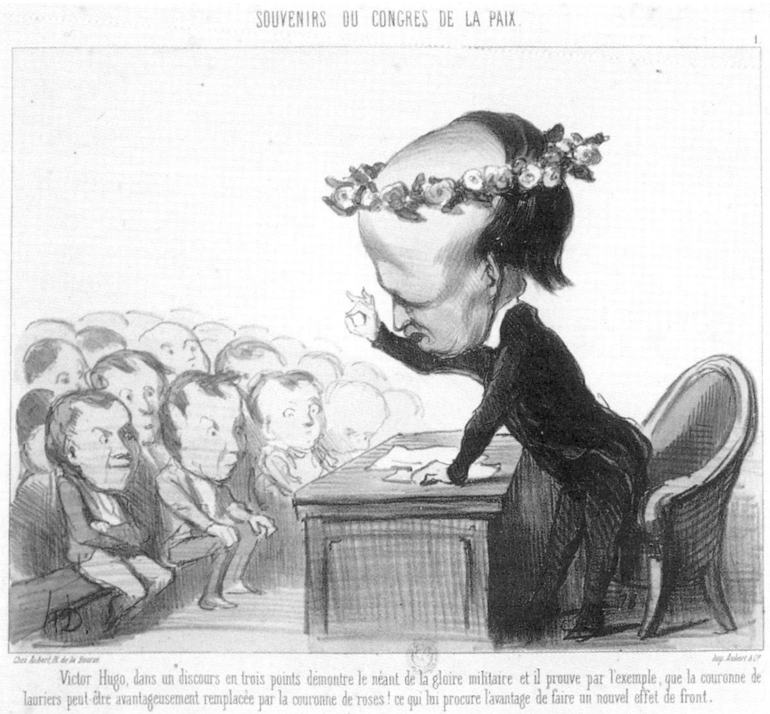

Fig. 29

mirliton où on lit « Vive moi – Vive l'empereur – Vive le roi », et tenant à la main gauche un « Discours soc » et à la main droite une « Profession de foi réac ».

Le soutien que Victor Hugo apporte à Louis-Napoléon Bonaparte pour les élections du 10 décembre 1848 n'échappe évidemment pas aux caricaturistes : Bertall et Raimbaud (« Le triomphe pour rire[41] », *Le Journal pour rire*, 2 décembre 1848) imaginent un grand char à bancs qui se dirige vers l'« Hôtel de la Présidence » et dans lequel ont notamment pris place Louis-Napoléon Bonaparte, juché sur les épaules d'un géant, son oncle, et Hugo qui brandit un placard : « LUI/LUIT/NUIT/FUIT ».

Le lendemain de l'élection présidentielle, Tronsens et Morin (« Tout nouveau – Tout beau ! », *Le Journal pour rire*) présentent Hugo en domestique, plumeau à la main, qui, en compagnie de Thiers, de Girardin et d'un autre valet, prennent soin du manteau et du chapeau impériaux. La légende est sans ambiguïté : « Ils font balai neuf.... attendez, attendez, vous verrez ».

Le même jour, un dessin de Daumier (« Actualités », *Le Charivari*, fig. 12) est encore plus suggestif. La légende décrit fort bien la charge : « MM. Victor Hugo et Émile Girardin (*sic*) cherchent à élever le prince Louis sur un pavois, ça n'est pas très solide ! » Une caricature d'Otto (*La Revue comique*, 20 décembre 1848) montre le serment que prête Louis-Napoléon Bonaparte « à la RÉPUBLIQUE DÉMOCRATIQUE une et indivisible », tandis que Hugo, qui esquisse un sourire, console, en le prenant dans ses bras, Lamartine qui fait triste figure.

Au lendemain de cette élection, les journaux satiriques illustrés alimentent et entretiennent la rumeur : Hugo attend de se voir confier un portefeuille ministériel[42]. Ainsi, Nadar (*La Revue comique*, 23 décembre 1848) dessine, devant une affiche qui présente le « Nouveau ministère », « quelques nez [qui] commencent à s'allonger », dont celui de Hugo. Lors d'un « festin donné par M. de Falloux au ministère de l'Instruction publique », Hugo est le seul convive qui, par dépit, reste les yeux fixés sur son assiette (*La Revue comique*, 27 juin 1849). Quillenbois (*Le Caricaturiste*, 4 novembre 1849) imagine Hugo avec un nez démesuré, « assis par terre », le texte de son « discour (*sic*) sur l'Italie » sur le sol, qui est l'objet de pieds de nez de la part de portefeuilles tenus par un marionnettiste invisible, et qui se lamente : « Quel événement !... C'était bien la peine ! »

C'est encore Quillenbois (*Le Caricaturiste*, 18 novembre 1849) qui illustre la fable de La Fontaine, « Le lièvre et la tortue » : la tortue-Thiers précède le lièvre-Hugo sur le poteau d'arrivée, « Carrefour des ministères », au pied duquel se trouve un portefeuille. La « Grande distribution d'étrennes pour rire par *le Caricaturiste* » (*Le Caricaturiste*, 30 décembre 1849), due à Quillenbois, où Hugo, mirliton à l'épaule, essaie d'attraper un maroquin, est complétée par une légende : « Un portefeuille en maroquin rouge à **Victor Hugo**

41. Légende : « L'un portant l'autre – l'un prônant l'autre – l'un traînant l'autre – l'un poussant l'autre ».

42. Dans une lettre à Paul Lacroix, en date du 10 décembre 1848, Hugo écrit : « Ne voyez pas en moi un ministre, je veux rester l'ami *indépendant* des lettres et des lettrés. Je veux l'influence et non le pouvoir. » Quelques années plus tard, il dénoncera avec force « la calomnie en circulation » : jamais il n'a envisagé d'être ministre.

Fig. 29
Souvenirs du Congrès de la Paix,
Daumier, *Le Charivari*, dix-huitième année, n° 249, 6 septembre 1849.
Lithographie
MVHP - E - 509

(Rappelons-nous que c'est pour rire) ». Hugo se retrouve une nouvelle fois aux côtés d'Émile de Girardin dans *Le Caricaturiste* du 7 avril 1850 : l'un et l'autre, le visage basané, portent un immense portefeuille, et la légende précise : « Deux Jumeaux-Siamois-Politiques sont nommés enfin ministres… par l'empereur Soulouque[43] ! »

L'évolution de Hugo, à partir de juin 1849, se retrouve dans de nombreux dessins-charges où il apparaît dans des scènes animées, voire tumultueuses. Ainsi, Bertall (*Le Journal pour rire*, 2 juin 1849) le montre à cheval, en tête d'une longue « Croisade contre le socialisme », organisée par le Comité de la rue de Poitiers[44], contre Proudhon et ses amis.

Comme pour illustrer les mots de Victor Hugo – « Il n'y a plus que deux partis en ce moment. Je n'ai satisfait pleinement aucun des deux » –, Cham (*Le Charivari*, 14 juin 1849, fig. 24) le représente entre le « Mont Blanc » qu'il repousse, et le « Mont Rouge », avec cette légende : « Fâcheuse situation de la **plaine** au moment du combat des deux montagnes ».

Le rapprochement de Victor Hugo avec la gauche républicaine pourrait être symbolisé par « La majorité de Panurge ou les bergers dans l'embarras » de Bertall (*Le Journal pour rire*, 1er décembre 1849) : Hugo, en mouton, est l'une des rares « bêtes précieuses et curieuses à voir » qui prend la « route de la montagne », au carrefour du

43. De son vrai nom, Faustin Soulouque, ce militaire illettré, élu président de la République d'Haïti en 1847, vient de se faire nommer empereur sous le nom de Faustin Ier.
44. Comité électoral créé par les monarchistes.

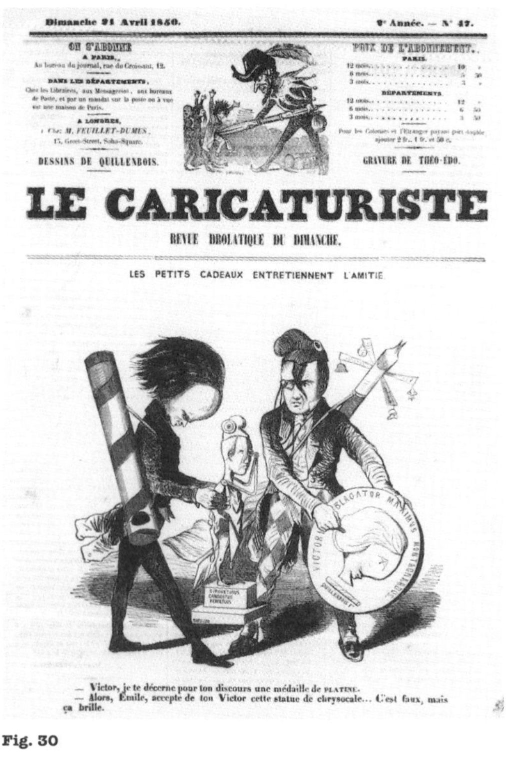
Dimanche 21 Avril 1850. 2e Année. — N° 47.

ON S'ABONNE
A PARIS,
Au bureau du journal, rue du Croissant, 12.
DANS LES DÉPARTEMENTS,
Chez les Libraires, aux Messageries, aux bureaux de Poste, et par un mandat sur la poste ou à vue sur une maison de Paris.
A LONDRES,
Chez M. FEUILLET-DUMUS,
15, Greek-Street, Soho-Square.
DESSINS DE QUILLENBOIS.

PRIX DE L'ABONNEMENT.
PARIS.
12 mois … 10 »
6 mois … 5 50
3 mois … 3 »
DÉPARTEMENTS.
12 mois … 12 »
6 mois … 6 50
3 mois … 3 50
Pour les Colonies et l'Étranger payant port double ajouter 2 fr., 1 fr. et 50 c.
GRAVURE DE THÉO-ÉDO.

LE CARICATURISTE
REVUE DROLATIQUE DU DIMANCHE.

LES PETITS CADEAUX ENTRETIENNENT L'AMITIÉ

— Victor, je te décerne pour ton discours une médaille de PLATINE.
— Alors, Émile, accepte de ton Victor cette statue de chrysocale… C'est faux, mais ça brille.

Fig. 30

Fig. 30
Les petits cadeaux entretiennent l'amitié, Quillenbois, *Le Caricaturiste, revue drolatique du dimanche*, deuxième année, n° 47, 21 avril 1850.
Lithographie
MVHP - E - 3022

«chemin d'Orléans, chemin de Chambord, chemin de l'Élysée, route de l'Empire, route du tiers-parti».

Quillenbois réalise un portrait-charge[45] des plus significatifs («Un changement de front») dans *Le Caricaturiste* du 27 janvier 1850 (fig. 11) où l'on voit Hugo au lendemain de son *Discours sur la liberté de l'enseignement*, très grosse tête, emblèmes maçonniques au front, bras croisés, air décidé, gravissant une pente escarpée : «Un grand Poète d'État, poursuivi par la peur des Jésuites et de l'Inquisition, se sauve sur la Montagne».

Dans une autre charge (*Le Caricaturiste*, 16 juin 1850), Quillenbois propose «un repas sur la Montagne» qui peut se passer de légende : Hugo (trois plumes sur la tête, bonnet phrygien, symboles maçonniques toujours au front) tourne la broche qui permet de rôtir «la Société», en compagnie d'autres «Peaux-rouges d'Europe» armés de couteaux!

Hugo quitte d'autant moins la une des journaux satiriques illustrés qu'il est élu président du Congrès international de la Paix qui se tient à Paris du 21 au 24 août 1849. Dès le 12 août, il est dessiné par Fabritzius (*La Silhouette*), près de deux hommes qui en sont venus aux mains, se protégeant d'un agresseur inconnu, alors que la légende précise : «Première séance du Congrès des Amis de la Paix.». La charge de Bertall («Heureuse influence du Congrès de la Paix», *Le Journal pour rire*, 1er septembre 1849, fig. 28)

45. Dans l'article qui le suit, «Revue de la semaine», Raymond Deslandes stigmatise Hugo «qui s'est improvisé depuis quelque temps le champion de toutes les libertés».

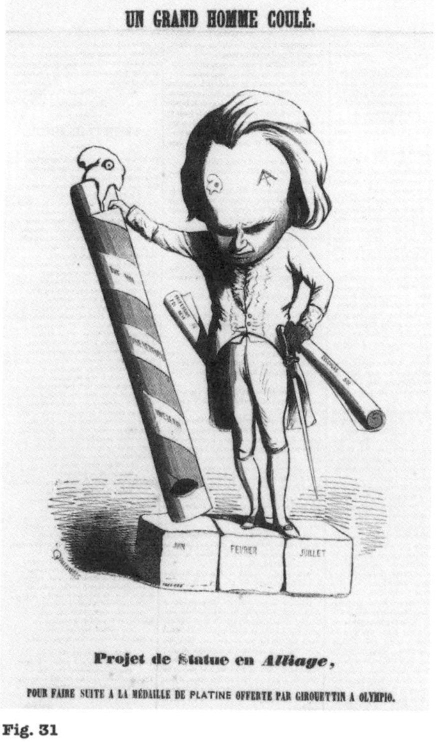

Fig. 31

Fig. 31
Un grand homme coulé, Quillenbois, *Le Caricaturiste, revue drolatique du dimanche*, deuxième année, n° 54, 9 juin 1850.
Lithographie
MVHP - E - 3023

introduit une variante quant au traitement habituel de la tête du poète : une dizaine de pavillons nationaux, ainsi que le « drapeau de la paix universelle », sont plantés dans son crâne. Hugo s'approche de deux soldats, autrichien et russe, qui malmènent un homme à terre : « Je suis le Congrès de la Paix ! – Eh bien alors, fichez-nous la... Vous ne voyez donc pas que nous sommes occupés.... à pacifier la Hongrie ? »

Quillenbois met également en doute l'utilité d'un tel Congrès en dessinant « le citoyen Victor Hugo jouant au Congrès de la Paix » (*Le Caricaturiste*, 2 septembre 1849) et occupé à faire des « bulles de savon » à l'intérieur desquelles on peut lire « paix », « inter », « homines », alors qu'un homme dans l'assistance essaie d'étrangler son voisin.

Dans « La rentrée des vacances » (*Le Caricaturiste*, 30 septembre 1849), Quillenbois continue d'enfoncer le clou et qualifie « Totor Hugo » de « moutard d'une grande turbulence lorsqu'il s'agit de la paix » : il est représenté avec des baïonnettes sur l'épaule car « il vient de désarmer un poste de gardes nationaux ».

Quant à Daumier, il ne consacre pas moins de quatre charges[46] au Congrès de la Paix (« Souvenirs du Congrès de la Paix », *Le Charivari*, 6 au 10 septembre 1849, fig. 29), en soulignant son inanité et en raillant Hugo qui, « dans un discours en trois points, démontre le néant de la gloire militaire et [...] prouve par l'exemple que la couronne de lauriers peut être avantageusement remplacée par la couronne de roses ! ce qui lui procure l'avantage de faire un nouvel effet de front ».

46. Légende de l'une d'elles : « Ayant terminé leurs travaux, et ayant, par trois journées de discours, définitivement assuré la paix du monde, les membres du Congrès de la salle Ste Cécile se décident à faire une promenade triomphale, mais pacifique, dans les rues de Paris ! »

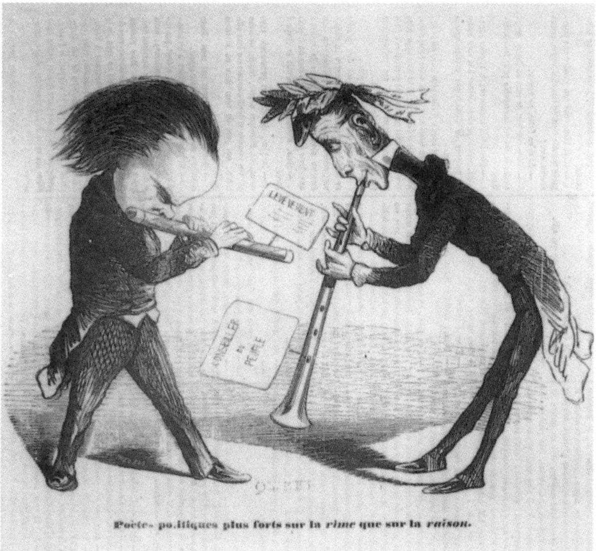

Fig. 32

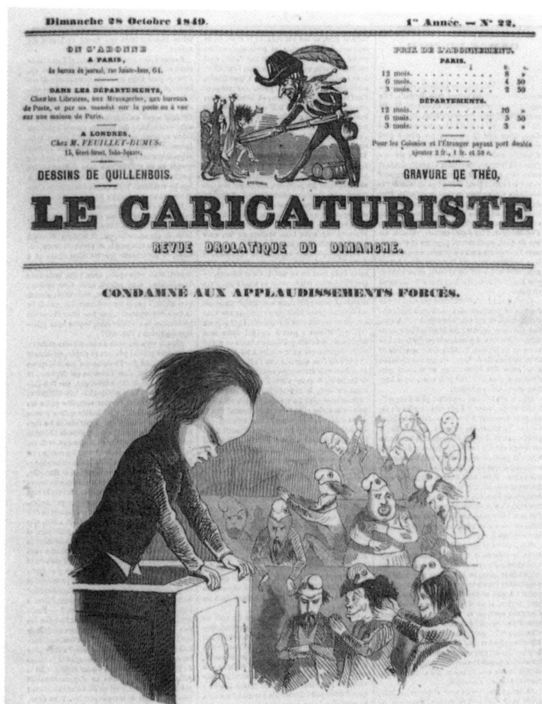

Fig. 33

Fig. 32
Poètes politiques plus forts sur la *rime* que sur la *raison*, Quillenbois, *Le Caricaturiste, revue drolatique du dimanche*, première année, n° 28, 9 décembre 1849.
Lithographie
MVHP - E - 3029

Fig. 33
Condamné aux applaudissements forcés, Quillenbois, *Le Caricaturiste, revue drolatique du dimanche*, première année, n° 22, 28 octobre 1849.
Lithographie
MVHP - E - 3019

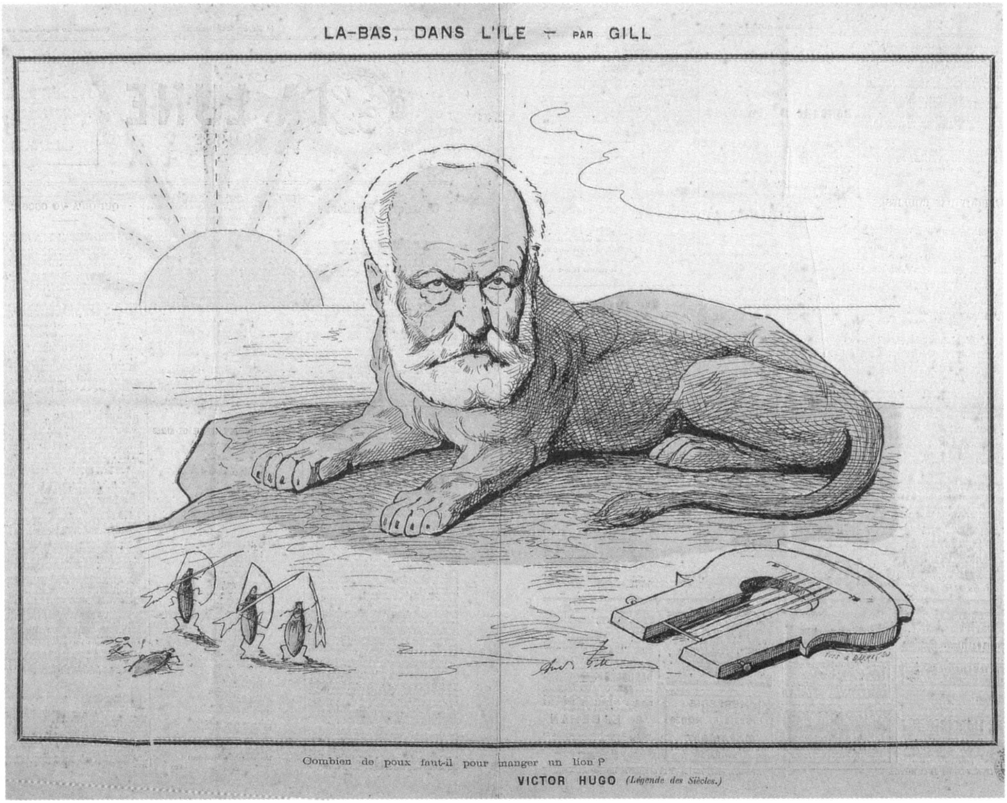

Fig. 34

Fig. 34
Là-bas dans l'île, Gill, *La Lune rousse*, deuxième année, n° 94, 22 septembre 1878.
Lithographie
MVHP - E - 3070

Fig. 35
Lanterne magique des auteurs et journalistes, Nadar, *Le Journal pour rire, journal d'images, journal comique, critique, satirique et moqueur*, nouvelle série, n° 17, 24 janvier 1852.
Lithographie
MVHP - E - 3058

Exilé au lendemain du coup d'État, à Bruxelles, puis à Jersey et à Guernesey[47], Hugo n'est cependant pas tout à fait oublié des journaux satiriques illustrés, même lorsque la presse connaît une tutelle administrative des plus autoritaires.

Le jour où il écrit à sa femme qu'il doit la vie à Juliette Drouet[48], paraît dans *Le Journal pour rire* du 24 janvier 1852 (fig. 35) une « Lanterne magique des auteurs et des journalistes » : non sans courage, Nadar représente « le père et maître, Victor Hugo, [qui] ouvre la marche : c'est un honneur que nous ne pouvions lui ôter, bien que les circonstances rendent un peu impossible cette biographie *pour rire*. Passons donc vite en nous inclinant. » Suivent Hugo (grosse tête, front toujours aussi vaste, regard absent) qui prend le chemin du « Montparnasse », ses fidèles, Auguste Vacquerie et Paul Meurice, et ses fils, Charles et François-Victor[49].

Marcelin manifeste avec discrétion sa sympathie envers Hugo dans l'un des « Rébus illustrés » de la même année : son dessin représente un homme au front dégarni, qui ne peut être identifié que par la légende qui l'accompagne : « Auteur des *Orientales* ». Les lecteurs et la censure qui doivent découvrir la phrase « Ugolin mangea, dit-on, ses cinq enfants afin de leur conserver un père », savent-ils qu'Ugolin[50] fut banni de Pise au XIIIe siècle, mais qu'il parvint à reprendre le pouvoir ?

47. Bruxelles (12 décembre 1851 – 1er août 1852), Jersey (5 août 1852 – 31 octobre 1855), Guernesey (31 octobre 1855 – 15 août 1870).
48. « Sans elle, j'étais pris et perdu au plus fort des journées [...]. Sans cette personne, je te le dis comme je le dirais à Dieu, je serais mort ou déporté à l'heure qu'il est ».
49. Tous les quatre sont en prison pour délits d'opinion ou de presse. La légende précise : Auguste Vacquerie « depuis plusieurs mois [...] égaie la Conciergerie », Paul Meurice « depuis plusieurs mois tient compagnie à Vacquerie à la Conciergerie », Charles Hugo « actuellement tient compagnie à P. Meurice », François-Victor Hugo « depuis plusieurs mois [...] tient compagnie à Charles Hugo ».
50. En 1861, *Le Vase étrusque* offrira à ses lecteurs un dessin-charge de Coinchon, « Ugo », parodie de *Ugolin et ses enfants* de Carpeaux.

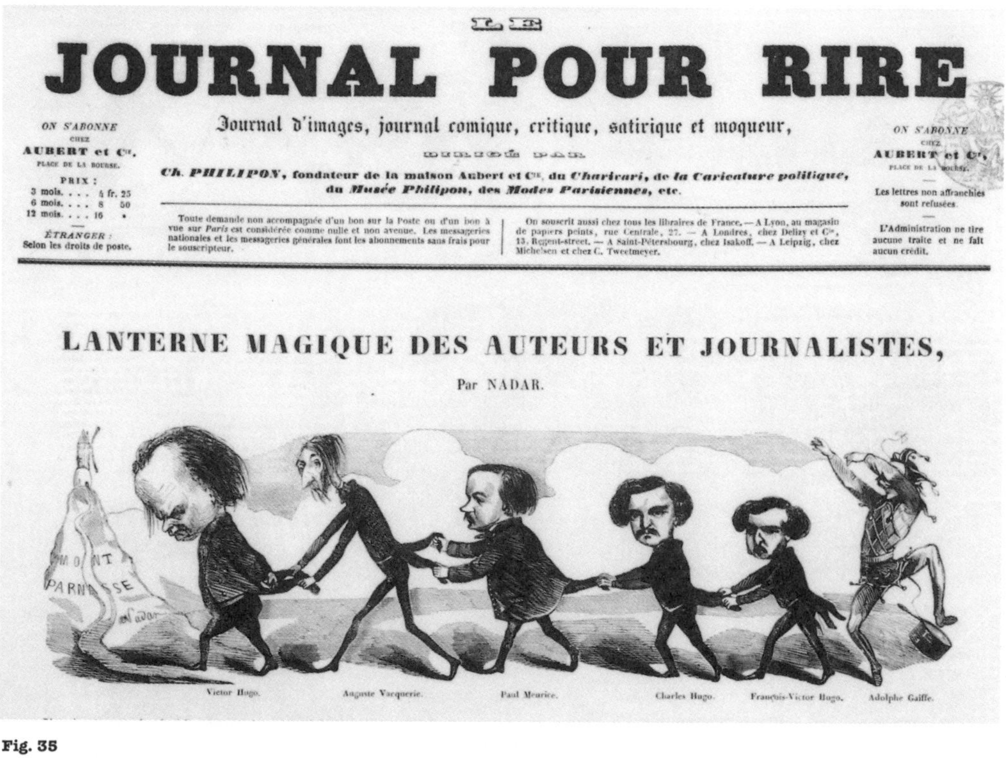

LE JOURNAL POUR RIRE

Journal d'images, journal comique, critique, satirique et moqueur,

DIRIGÉ PAR

Ch. PHILIPON, fondateur de la maison Aubert et Cie, du *Charivari*, de la *Caricature politique*, du *Musée Philipon*, des *Modes Parisiennes*, etc.

ON S'ABONNE CHEZ AUBERT et Cie, PLACE DE LA BOURSE.

PRIX :
3 mois. . . . 4 fr. 25
6 mois. . . . 8 50
12 mois. . . . 16 •

ÉTRANGER : Selon les droits de poste.

Toute demande non accompagnée d'un bon sur la Poste ou d'un bon à vue sur *Paris* est considérée comme nulle et non avenue. Les messageries nationales et les messageries générales font les abonnements sans frais pour le souscripteur.

On souscrit aussi chez tous les libraires de France. — A Lyon, au magasin de papiers peints, rue Centrale, 27. — A Londres, chez Delizy et Cie, 13, Regent-street. — A Saint-Pétersbourg, chez Isakoff. — A Leipzig, chez Michelsen et chez C. Tweetmeyer.

ON S'ABONNE CHEZ AUBERT et Cie, PLACE DE LA BOURSE.

Les lettres non affranchies sont refusées.

L'Administration ne tire aucune traite et ne fait aucun crédit.

LANTERNE MAGIQUE DES AUTEURS ET JOURNALISTES,

Par NADAR.

Fig. 35

Le même Marcelin renoue, dans *Le Journal pour rire* du 10 septembre 1853 (fig. 38), avec la tradition d'un Hugo au vaste front, mais toute allusion politique a disparu : le caricaturiste en propose le buste, aux côtés de ceux de George Sand, Sue, Balzac et Dumas, pour illustrer « les romans populaires ». Il a choisi *Notre-Dame de Paris*, aussi le socle montre-t-il la façade de la cathédrale et Quasimodo qui sonne une cloche. L'article qui suit invite à « respirer l'air plus vif du Moyen Age au sommet des tours de Notre-Dame de Paris », et évoque le « pauvre Quasimodo, cette éloquente réhabilitation de la bosse par l'amour [...], fidèle jusqu'à la potence ! » Les derniers mots sont pour Hugo : « Oh ! merci à toi, grand poëte [...] »

C'est encore *Le Journal pour rire*[51] du 24 décembre 1853 (fig. 36) qui offre à ses lecteurs, grâce à Gustave Doré, une nouvelle rencontre avec Hugo par l'image : en effet, si la première page représente, sans légende, plusieurs auteurs « à succès », dont Hugo, ample chevelure et front dégagé, portant sous ses bras Notre-Dame de Paris, et entouré de petits personnages qui lui apportent de l'argent, le nom de Hugo n'apparaît nullement dans l'article d'Achille Lafont. Sans doute ne peut-il être écrit un mois après la publication des *Châtiments*, et est-il caché dans le « etc » qui clôt l'apostrophe : « Ô vous qui rêvez la gloire de Lamartine, la célébrité de Ponsard, de Scribe, de Balzac, de Jules Janin[52], etc. »

51. Le titre « Un jeune homme de lettres » cache les « infortunes d'Antonin Cabassol, natif de Pézenas », qui rêve de gloire littéraire dans la capitale.

52. Tous ces auteurs sont dessinés autour de Victor Hugo par Gustave Doré.

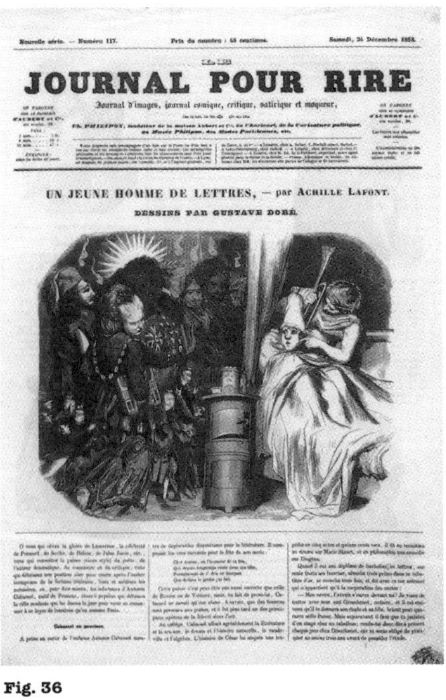

Nouvelle série. — Numéro 117. Prix du numéro : 45 centimes. Samedi, 24 Décembre 1853.

JOURNAL POUR RIRE

Journal d'images, journal comique, critique, satirique et moqueur,

UN JEUNE HOMME DE LETTRES, — par ACHILLE LAFONT.

DESSINS PAR GUSTAVE DORÉ.

Fig. 36

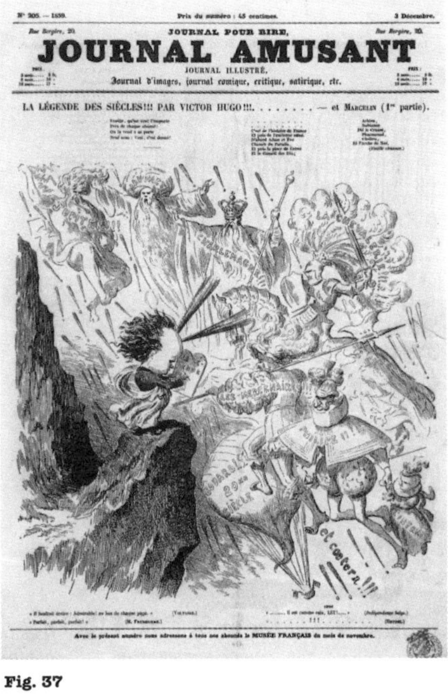

N° 205. — 1859. Prix du numéro : 45 centimes. 3 Décembre.

JOURNAL POUR RIRE,

JOURNAL AMUSANT

JOURNAL ILLUSTRÉ.

Journal d'images, journal comique, critique, satirique, etc.

LA LÉGENDE DES SIÈCLES!!! PAR VICTOR HUGO!!!. . . . . — et MARCELIN (1re partie).

Fig. 37

À l'évidence, dame Anastasie – surnom donné à la censure – est des plus efficaces : en application du décret du 17 février 1852, 676 illustrations vont être interdites jusqu'en 1866[53]. À la réserve du *Panthéon Nadar* (1854) où il est en tête d'un long cortège, près du buste de George Sand, et de deux ou trois vignettes-charges[54], Victor Hugo disparaît donc de la scène caricaturale pendant ses premières années d'exil.

C'est la publication de la première série de *La Légende des siècles* qui lui permet de réapparaître dans les journaux satiriques illustrés : ainsi, la charge de Marcelin (*Le Journal pour rire* du 3 décembre 1859, fig. 37) où Hugo-Moïse, cheveux au vent qui agrandissent le front, est en train d'écrire, au sommet d'un rocher (Guernesey ou Sinaï ?), sur des tables de pierre, le titre de son œuvre, entouré notamment de Jupiter, Mahomet, Charlemagne, Philippe II. La silhouette énergique de Hugo et les mots de la légende – « Il faudrait écrire : Admirable ! au bas de chaque page [...] » – traduisent un changement sensible à partir de cette date : la caricature perd progressivement de sa causticité et va participer à la louange de Victor Hugo[55].

Contre toute attente, la publication des *Misérables* (avril-mai 1862) ne donne pas lieu à un grand nombre de portraits-charges du romancier. Détachons cependant « Une salade dans un crâne » de Bertall[56] (parodie du titre d'un chapitre des *Misérables*,

53. Article « Censure », *Dictionnaire du Second Empire*, sous la direction de Jean Tulard, Fayard.

54. Nadar propose dans la série des *Binettes contemporaines* (1854) un Victor Hugo à la grosse tête, mains au dos, près d'un rocher, avec, à l'arrière-plan, des monuments parisiens. La charge de Florence (*Gazette d'Aix*, 1859) s'inspire des photographies de Jersey : Hugo pose, la main droite dans son gilet, et regarde droit devant lui.

55. La charge qui représente Auguste Vacquerie (*Album du Gaulois*, 28 avril 1861) mérite d'être signalée : avec courage, Hadol a dessiné auprès du journaliste la statue de Victor Hugo, au crâne très dégarni, une étoile au-dessus de la tête, et on peut lire sur le socle : « L'amitié d'un grand homme est un bienfait des dieux ».

56. Hugo est représenté avec la barbe qu'il porte depuis 1861. Vers 1845, il avait écrit « une profession de foi nette, explicite et formelle, sans ambiguïté et sans réticence, en faveur de la barbe ».

Fig. 36
Un jeune homme de lettres, Gustave Doré, *Le Journal pour rire, journal d'images, journal comique, critique, satirique et moqueur*, nouvelle série, n° 117, 24 décembre 1853.
Lithographie
MVHP - E - 3025

Fig. 37
La Légende des siècles !!! Victor Hugo !!!........ et Marcelin (1re partie), Marcelin, *Journal pour rire, journal amusant, journal illustré, journal d'images, journal comique, critique, satirique, etc.*, n° 205, 3 décembre 1859.
Lithographie
MVHP - E - 3034

Fig. 38
Les romans populaires – Préface, Marcelin, *Le Journal pour rire, journal d'images, journal comique, critique, satirique et moqueur*, nouvelle série, n° 102, 10 septembre 1853.
Lithographie
MVHP - E - 3059

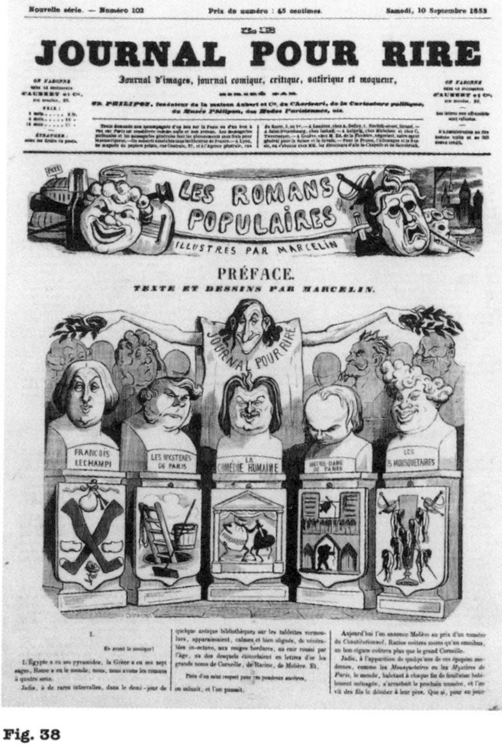

Fig. 38

« Une tempête sous un crâne ») qui paraît dans *La Semaine des familles* du 29 novembre 1862 (fig. 39), et qui illustre un étonnant article de Félix-Henri : pendant son sommeil, Hugo est visité par Méphistophélès et Astaroth qui ouvrent son crâne. Ils y trouvent un « épouvantable galimatias » de personnages du roman, « épopée monumentale sur les misères du siècle. »

En revanche, avec *Les Travailleurs de la mer* (1866), Hugo est à nouveau l'objet de nombreuses caricatures[57] : c'est à qui évoquera Hugo et *la Durande*, Hugo et la pieuvre ! Morland, par exemple (*Le Journal amusant* du 29 octobre 1866, fig. 40), imagine, non loin de *la Durande*, un gigantesque poulpe avec Gilliatt sur sa tête, Déruchette sur l'un des tentacules, et Hugo assis à l'entrée de sa bouche, occupé à écrire. La légende ironise à propos du succès du roman : « Hugo, c'est à toi que je m'adresse. Ce que tu as fait est grand, noble, généreux. Il eût été triste de mourir sans avoir connu les services qu'une *pieuvre* peut rendre à un génie en lui rapportant quelques centaines de mille francs [...] ».

L'année 1867 est riche en charges de Hugo, surtout dans les semaines qui précèdent la reprise d'*Hernani* à la Comédie-Française. Le 3 mai, l'exilé note dans son *Carnet* : « Carjat pour *Le Masque*, Gill pour *La Lune*, Pilotell pour *Le Bouffon*. Je reçois le même jour leurs trois lettres me demandant l'autorisation de faire ma charge. J'autorise. Quatrième demande. M. Am. Blondeau pour *Le Hanneton* ».

57. À la suite de la promesse d'une libéralisation de la presse faite par l'empereur, quinze journaux de caricatures voient le jour en 1867.

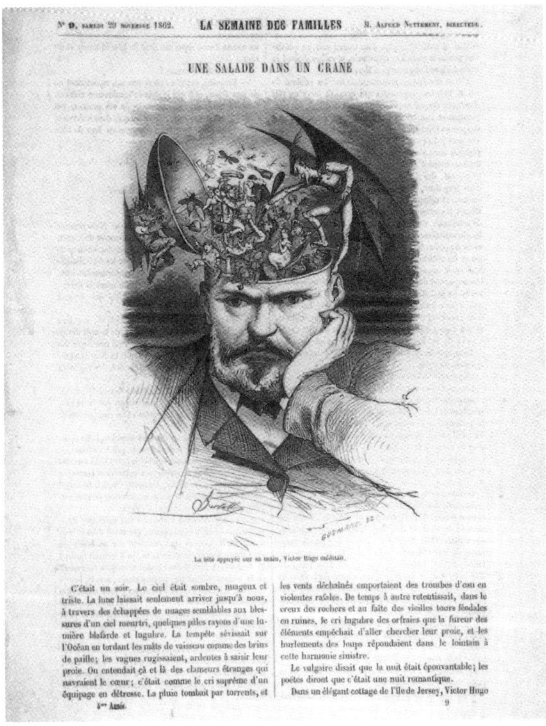

N° 9, SAMEDI 29 NOVEMBRE 1862. LA SEMAINE DES FAMILLES

UNE SALADE DANS UN CRANE

La tête appuyée sur sa main, Victor Hugo méditait.

C'était un soir. Le ciel était sombre, nuageux et triste. La lune laissait seulement arriver jusqu'à nous, à travers des échappées de nuages semblables aux blessures d'un ciel meurtri, quelques pâles rayons d'une lumière blafarde et lugubre. La tempête sévissait sur l'Océan en tordant les mâts de vaisseau comme des brins de paille ; les vagues rugissaient, ardentes à saisir leur proie. On entendait çà et là des clameurs étranges qui navraient le cœur ; c'était comme le cri suprême d'un équipage en détresse. La pluie tombait par torrents, et les vents déchaînés emportaient des trombes d'eau en violentes rafales. De temps à autre retentissait, dans le creux des rochers et au faîte des vieilles tours féodales en ruines, le cri lugubre des orfraies que la fureur des éléments empêchait d'aller chercher leur proie, et les hurlements des loups répondaient dans le lointain à cette harmonie sinistre.

Le vulgaire disait que la nuit était épouvantable ; les poëtes diront que c'était une nuit romantique.

Dans un élégant cottage de l'île de Jersey, Victor Hugo

9

Fig. 39

Fig. 39
Une salade dans un crâne, Bertall,
La Semaine des familles, n° 9,
29 novembre 1862.
Lithographie
MVHP - E - 3033

Fig. 40
[Sans titre], Morland, *Le Journal amusant, journal illustré, journal d'images, journal comique, critique, satirique, etc.*, n° 574, 29 octobre 1866.
Lithographie
MVHP - E - 3032

Le 19 mai, c'est la tête de Victor Hugo, en partie immergée[58], qui est en première page de *La Lune* (fig. 41), et la légende reproduit l'une de ses phrases[59] : « Je veux toute la liberté comme je veux toute la lumière ». La tête est entourée d'une auréole d'où partent des rayons : Hugo-soleil ! Gill[60] aura bien des imitateurs. L'article de Paul Mahalin s'intéresse à la première d'*Hernani* et à sa reprise : « Une étincelle jaillira de ce contact qui illuminera l'avenir prochain ».

Cette reprise est le prétexte à un long article d'Amédée Blondeau (*Le Hanneton*, 6 juin 1867, fig. 15) qui va exprimer à « la plus haute et la plus parfaite expression du dix-neuvième siècle » toute son admiration, tant pour son œuvre littéraire que pour ses engagements. Les derniers paragraphes saluent « ce rocher perdu dans les flots de la Manche » où Hugo, disent ses ennemis, « pose ». « Eh bien, soit, c'est de la pose ! réplique Blondeau, mais cette pose qui commande à Victor Hugo le sacrifice de sa patrie, de sa famille, de ses amis, de la gloire dans Paris ; cette pose qui fait saigner son cœur, moi, je la trouve sublime ». La charge de Déloyoti qui précède l'article est riche de symboles : une pieuvre est terrassée par l'écrivain qui porte le monde et dont la tête, ceinte d'une couronne de lauriers, est entourée d'éclairs qui se détachent sur un ciel noir.

Quelques jours plus tard, *Le Masque* du 20 juin (fig. 45) propose un étonnant Hugo-Gilliatt, puissant et déterminé, sur fond de soleil rougeoyant, signé Montbard. L'article qui suit ne cache pas les

58. On pense aux dernières lignes des *Travailleurs de la mer* : « On ne voyait plus que sa tête ».

59. Elle ne paraît pas dans la dernière édition du journal. Quelques jours plus tard, Gill écrit à Hugo : « Laissez-moi vous dire que je vous aime, que je vous admire et que vous êtes mon Maître auguste et bien vénéré depuis l'âge où j'ai su lire, où j'ai pu comprendre. Je vous remercie de toute mon âme et je vous supplie, si jamais je pouvais, moi, chétif, vous être bon à quelque chose, de disposer de moi comme d'un homme à vous. »

60. Le 2 mai, Hugo a répondu au directeur de *La Lune* : « Je me livre tout entier à M. Gill, qui m'a tant de fois enchanté. Il y a un peintre dans ce caricaturiste, il y a un penseur dans ce parodiste. J'autorise ma charge, et d'avance j'applaudis. »

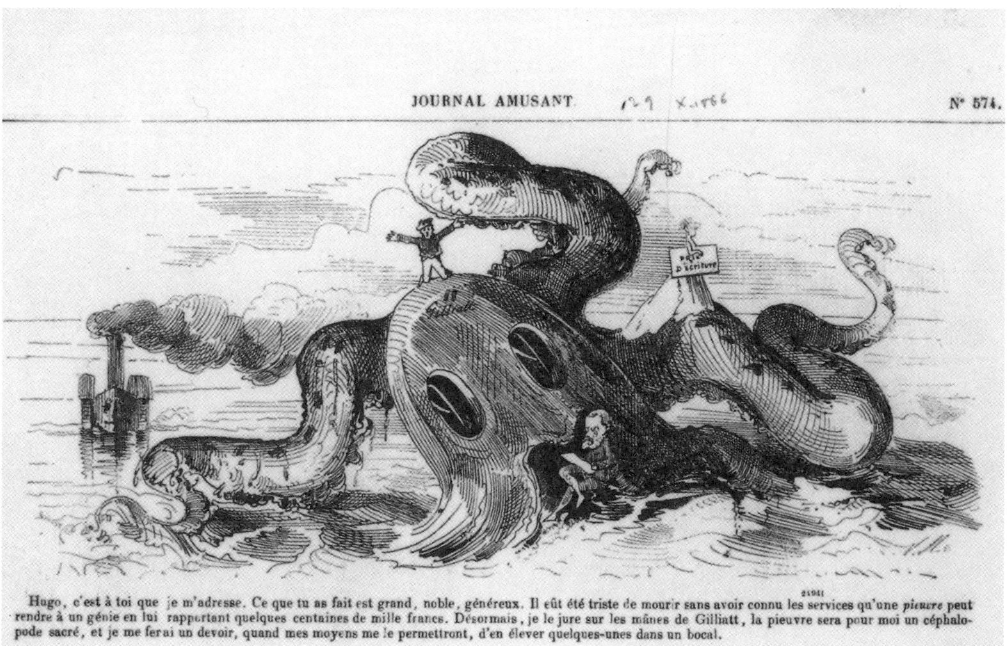

Fig. 40

sympathies de son auteur, Mario Proth, qui a été invité « à passer quelques jours sous le toit du grand poëte à Hauteville House » : « Nous admirerons en Victor Hugo l'une des plus éclatantes expressions de la volonté individuelle ».

On n'en finirait pas d'énumérer les autres charges, telles celles de Dumontel ou de Carlo Gripp[61], réduisant, ou presque, Hugo à une grosse tête qui repose sur un minuscule rocher battu par les flots, pour illustrer la solitude de l'exilé. Cependant, quatre d'entre elles méritent d'être mentionnées. Carjat[62] dessine dans *Le Drôlatique* du 29 juin 1867 (fig. 43) un Victor Hugo élégant, qui croise les bras comme sur certaines photographies prises à Hauteville House, un rocher et la mer suggérant l'île de Guernesey. Le texte d'Alfred de Caston est, comme les précédents, des plus favorables à Hugo : « Revenez parmi nous qui vous aimons. Quelles que soient les pensées de votre cœur, le sol de votre patrie est assez fort pour supporter le poids des pas d'un grand poète ».

C'est le même procédé de la très grosse tête que l'on retrouve dans le « Victor Hugo » de Collodion (*Le Gaulois*, 10 janvier 1869, fig. 17), adaptation d'une illustration des *Voyages de Gulliver* : Hugo est maintenu au sol par des cordes fixées à des pieux surveillés par de minuscules Napoléon III ! Les deux mots qui apparaissent sur le livre qu'il tient à la main, « [Libe] rté » et « Lumière », font penser au dernier vers de « Stella », (*Les Châtiments*) :

61. La charge de Gripp, éditée par P. Duret, est accompagnée d'un quatrain signé L.H. : « Pour celui-ci rengainons la satire. N'imitons pas les roquets en délire Qu'on voit japper à ses talons. – Ergo ! Inclinons-nous devant VICTOR HUGO ».

62. Le journal reproduit une lettre que Hugo lui a adressée : « Mon cher ami, je vous autorise à faire de moi ce que vous voudrez. Je n'y mets qu'une condition : aimez-moi toujours un peu. Votre vieil ami, Victor Hugo. » Des nombreuses lettres de Carjat à Hugo conservées à la Maison de Victor Hugo, place des Vosges, citons ces deux extraits : « [...] Vous savez que je suis homme à interpréter votre grande figure d'une façon respectueuse et – passez-moi le mot – intelligente » (s.d.). « [...] C'est cette autorisation que je sollicite de votre bienveillance amicale. Vous me connaissez assez pour être certain que je n'abuserai pas de la permission pour faire une charge désobligeante. Au contraire, j'ai à cœur de vous prouver que si j'exagère un peu les traits de l'homme, je sais respecter le caractère du poète et du gr. citoyen [...] » (28 avril 1877).

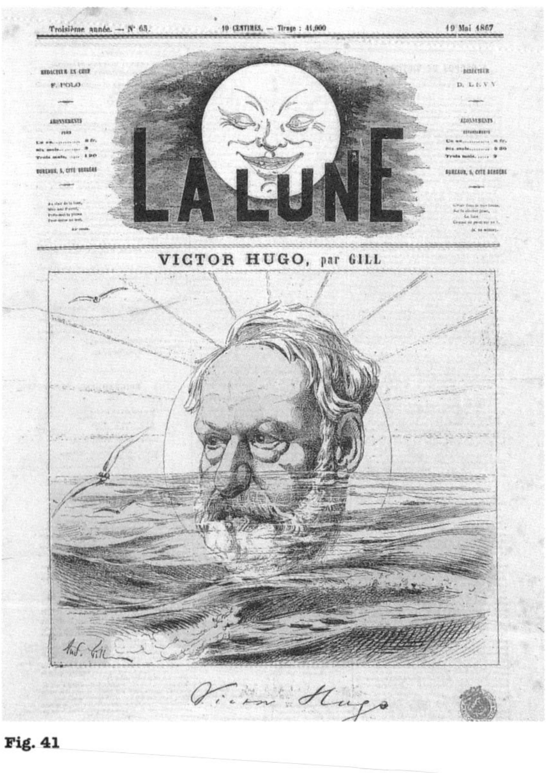

Fig. 41

Fig. 41
Victor Hugo, Gill, *La Lune*, troisième année, n° 63, 19 mai 1867.
MVHP - E - 3031

« C’est l’ange Liberté, c’est le géant Lumière ! »
« La Rédaction » signe un énergique et sensible « A Victor Hugo » : « En ce temps de défaillances sans nombre, de trahisons, de concessions et de défaites, il est un homme qui est demeuré inébranlable dans sa foi, invinciblement fidèle à la parole donnée, et qui, après avoir ébloui le monde par l’éclat de son génie, l’étonne et le réconforte par l’exemple de ses vertus civiques [...]. Admirable poète, grand citoyen, permets que quelques jeunes et obscurs combattants de la pensée te saluent ! »
On songe à *L’Archipel de la Manche* – « A chaque instant le rocher essaie de vous faire sa dupe. Où les illusions vont-elles se nicher ? Dans le granit. Rien de plus étrange » (VI, « Les rochers ») – en voyant les *Grimaces contemporaines* (fig. 44) de Gilbert-Martin, parue également en 1869 : Hugo, dont les yeux sont dans l’alignement de l’horizon, est devenu colosse de pierre face à l’immensité. Bien qu’elle ait été réalisée pendant le dernier séjour de Hugo à Guernesey, la caricature de Gill (*La Lune rousse*, 22 septembre 1878, fig. 34) a sa place ici : plus que les autres, peut-être, elle symbolise la force tranquille de Hugo-lion, indifférent aux attaques dont il est l’objet et qui voisine avec le soleil.

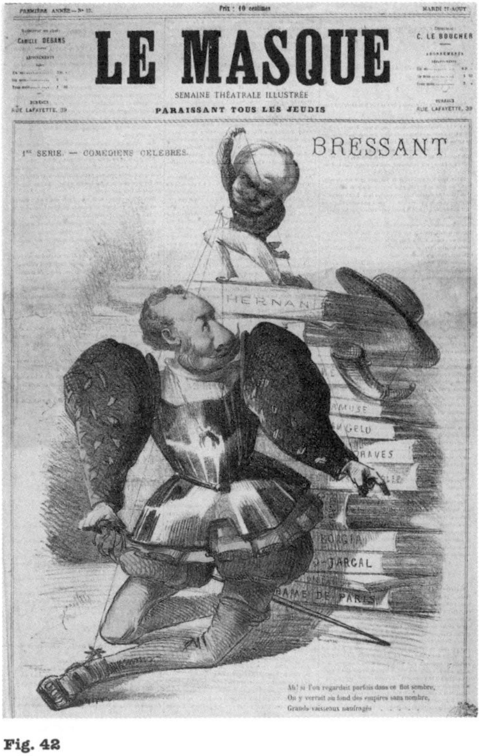

Fig. 42

Fig. 42
1re série. – Comédiens célèbres.
Bressant, Adrien, *Le Masque, semaine théâtrale illustrée*, première année, n° 22, 27 août [1867].
Lithographie
MVHP - E - 3027

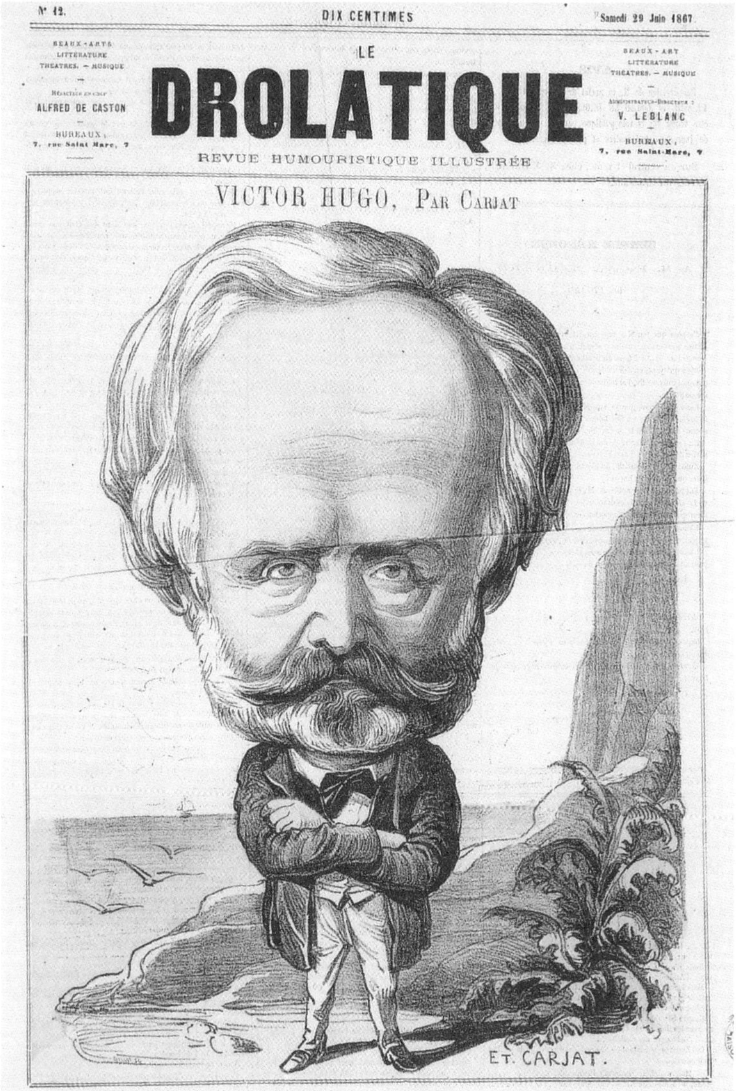

Fig. 43

Fig. 43
Victor Hugo, Carjat, *Le Drôlatique, revue humouristique illustrée*, n° 12, 29 juin 1867.
Lithographie couleur
MVHP - E - 3028

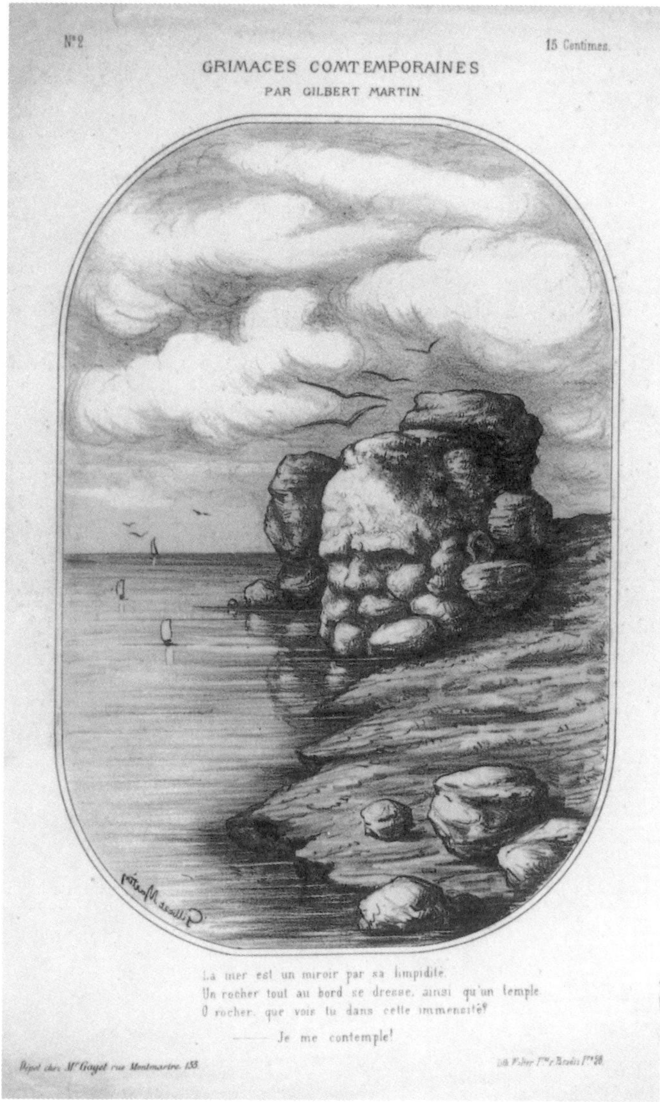

Fig. 44

Fig. 44
[Sans titre], Gilbert-Martin,
Grimaces contemporaines, n° 2, [1869].
Lithographie
MVHP - E - 3025

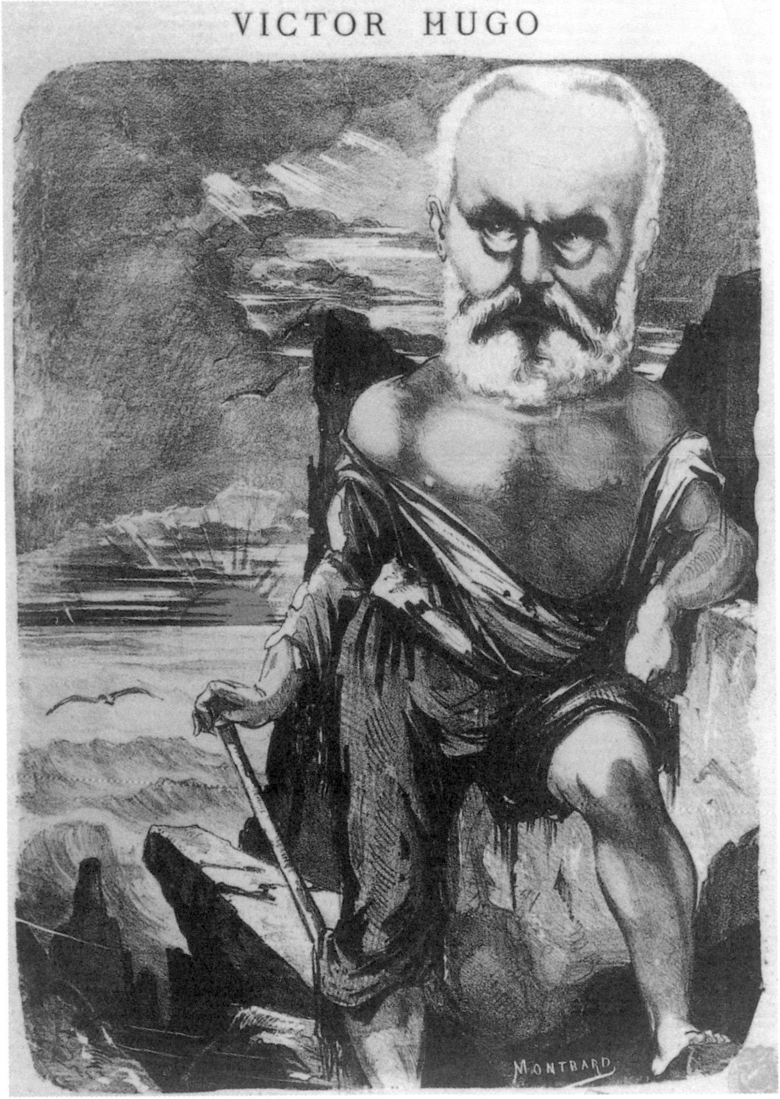

Fig. 45

Fig. 45
Victor Hugo, Montbard, *Le Masque, semaine théâtrale illustrée*, première année, n° 15, 20 juin [1867].
Lithographie
MVHP - E - 3029

Son titre, « Là-bas, dans l'île », renvoie au vers qui clôt les quatre strophes de la « Ballade de Victor Hugo père de tous les rimeurs » (1873) de Banville :
« Mais le père est là-bas, dans l'île. »
La légende, « Combien de poux faut-il pour manger un lion ? », est extraite de *La Légende des siècles* (1re série, V, « Les chevaliers errants », II, « Le petit roi de Galice », VIII, « Pacheco, Froïla, Rostabat »).
Quelques caricatures de la fin de l'exil s'intéressent plus à l'écrivain qu'au proscrit dans son île : c'est le cas de celle d'Adrien qui paraît dans *Le Masque* du 27 août 1867 (fig. 42), quelques semaines après la reprise d'*Hernani* à la Comédie-Française : au sommet d'une pile de ses ouvrages, Hugo-marionnettiste tire les fils de Bressant qui a joué don Carlos avec « beaucoup d'insolence, de morgue et parfois de majesté[63] ». Le succès d'*Hernani* n'est sans doute pas étranger à la charge de Montbard (*Gulliver*, 19 mars 1868, fig. 16), où Hugo devient le porte-étendard du « Romantisme ». Pierre Georgel[64] rapporte que « la même année, le poète néo-romantique Albert Glatigny salue en vers « le drapeau de mil huit cent trente » et la figure toute guerrière de Hugo, dominant « le vieux château romantique » ». Avec Meyer (*Le Géant*, 26 avril 1868, fig. 46) qui s'inspire d'une illustration de Gustave Doré pour *Gargantua*, Notre-Dame de Paris devient une sorte de cathèdre pour Hugo, tête immense perdue dans les nuages, dont l'autorisation est reproduite en première page : « J'autorise, avec empressement, *Le Géant* à publier mon portrait. Je vous envoie tous mes vœux de succès, talent oblige – le public – Victor Hugo ». Le texte de Charles Diguet qui suit, traduit respect et enthousiasme pour « le Poète dont l'œuvre immense ensoleille la France, illumine le monde ! Dans un siècle, on parlera de lui comme d'un héros légendaire [...]. Victor Hugo, l'Eschyle moderne, l'Homère contemporain, est penché sur le monde comme l'ange de la renommée. Un clairon d'airain est rivé à ses lèvres sonores, et chaque note vibre dans l'air, remue les cœurs de l'un à l'autre pôle ».

63. Paul Verlaine, cité par Arnaud Laster (*Pleins feux sur Victor Hugo*, éditions de la Comédie-Française).
64. Catalogue *La gloire de Victor Hugo*, p. 94.

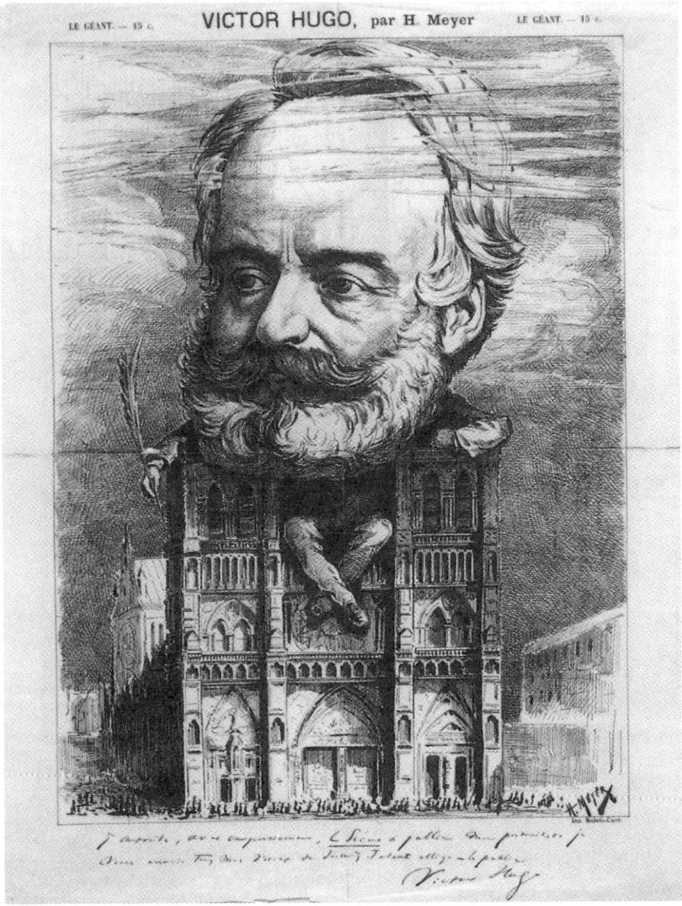

Fig. 46

Fig. 46
Victor Hugo, Meyer, *Le Géant*,
première année, n° 10, 26 avril 1868.
Lithographie
MVHP - E - 3072

5me ANNÉE. — N° 197 PARIS ET DÉPARTEMENTS : 15 CENTIMES 29 MARS 1878.

LE DON QUICHOTTE

Rédacteur en chef : Ch. GILBERT-MARTIN

BORDEAUX
BUREAUX et ATELIERS
ABONNEMENTS :
LA FRANCE & L'ALGÉRIE
AN .... 10 fr.
MOIS .... 5 »

PARIS
DÉPOT GÉNÉRAL & VENTE
Chez M. FÉNOUX,
POUR PARIS
Les Annonces sont reçues chez M. J.-B. CHANARD, 41, boulevard Saint-Germain, seul autorisé.

LE NEZ DEDANS ! par GILBERT-MARTIN.

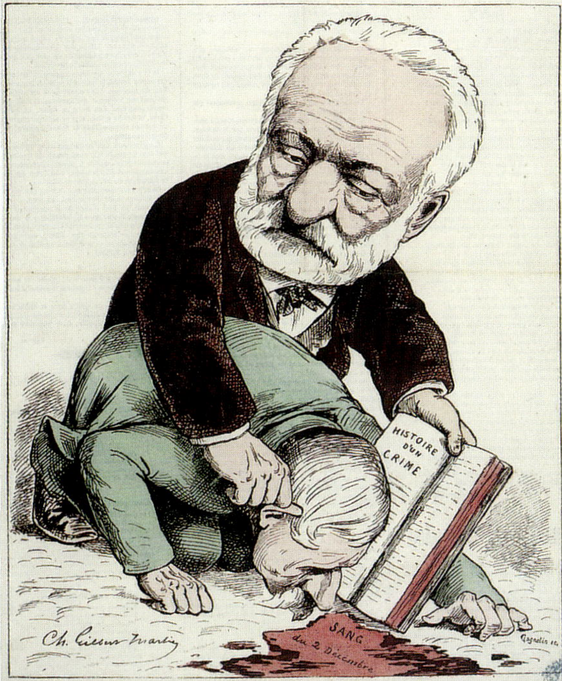

Fig. 47

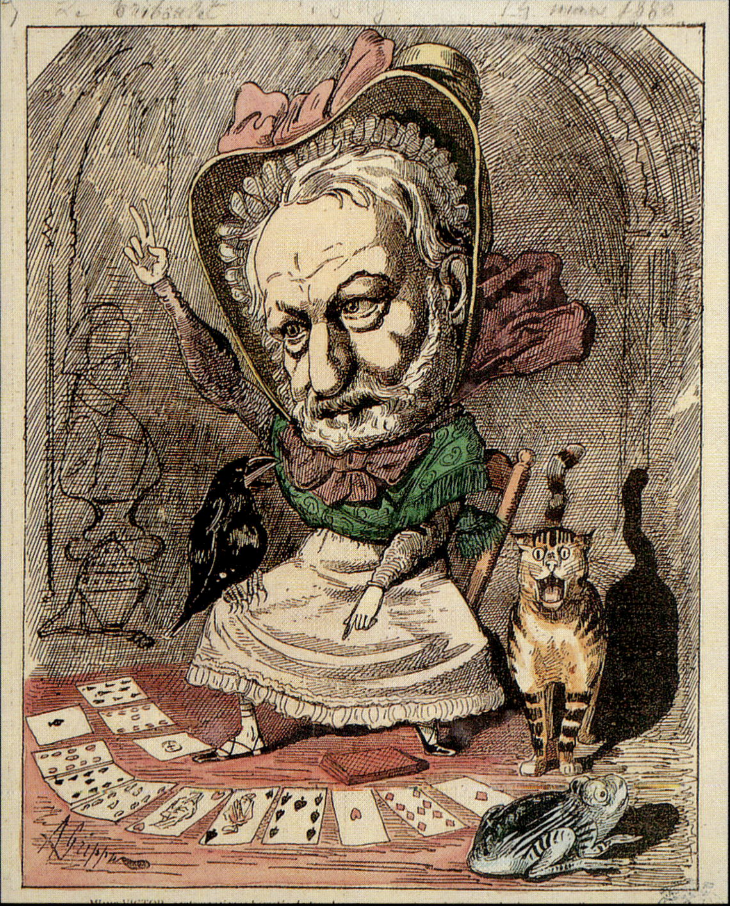

Fig. 48

Fig. 48
[Sans titre], Grippu, *Le Triboulet, journal satirique, politique, illustré,* troisième année, n° 11, 14 mars 1880
Lithographie
MVHP - E - 3069

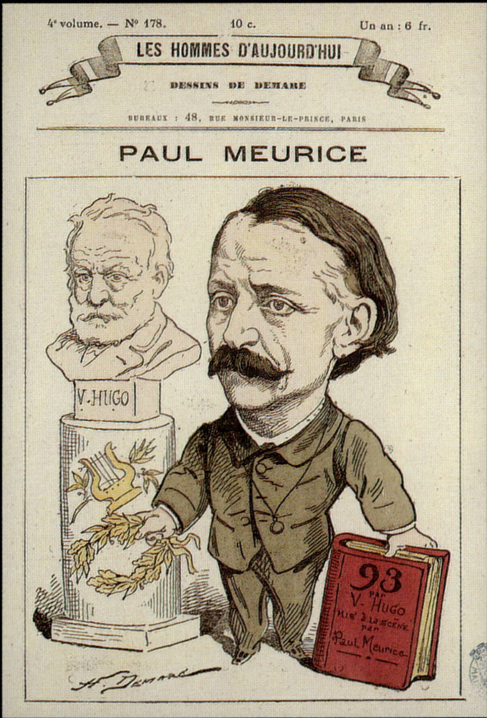

Fig. 49

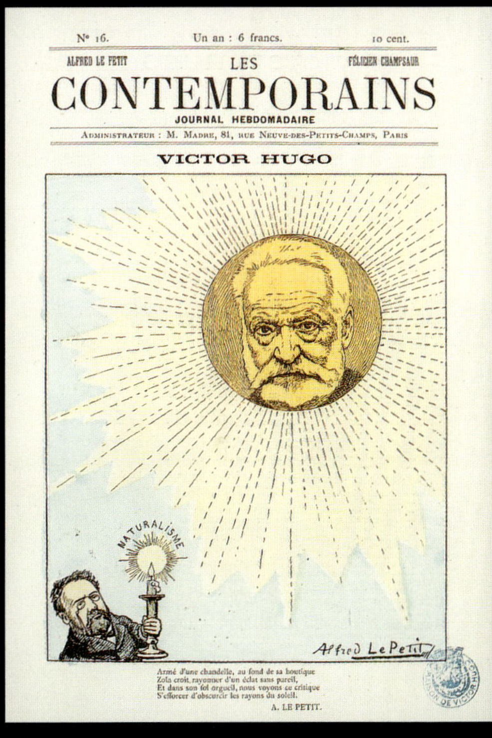

Fig. 50

Fig. 49
Paul Meurice, Demare, *Les Hommes d'aujourd'hui*, vol. IV, n° 178, [1881].
Lithographie
MVHP - E - 3091

Fig. 50
Victor Hugo, Le Petit,
Les Contemporains, journal hebdomadaire, n° 16, [1880].
Lithographie
MVHP - E - 3082

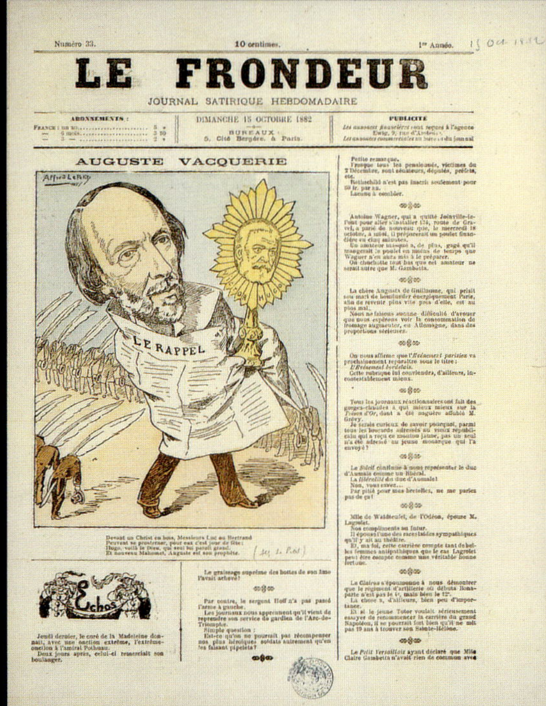
Numéro 33. 10 centimes. 1re Année.

LE FRONDEUR

JOURNAL SATIRIQUE HEBDOMADAIRE

DIMANCHE 15 OCTOBRE 1882

BUREAUX

5, Cité Bergère, à Paris.

AUGUSTE VACQUERIE

Fig. 52

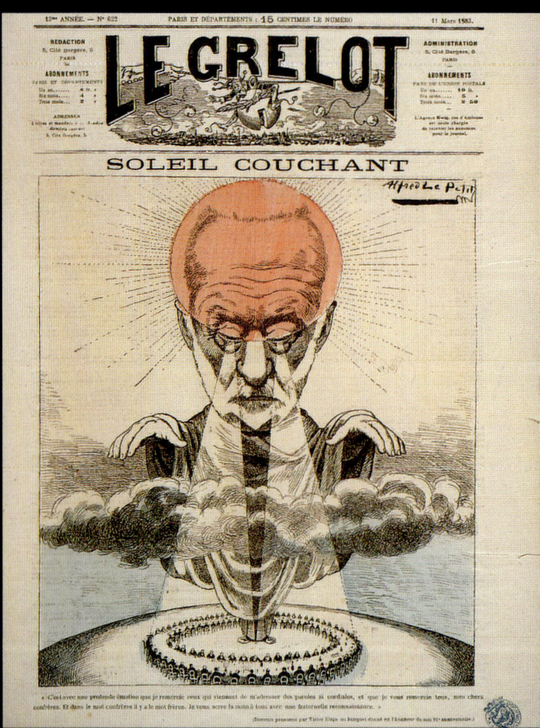
PARIS ET DÉPARTEMENTS : 15 CENTIMES LE NUMÉRO

11 Mars 1883.

LE GRELOT

SOLEIL COUCHANT

Fig. 51
Soleil couchant, Le Petit, *Le Grelot*, treizième année, n° 622, 11 mars 1883.
Lithographie
MVHP - E - 3064

Fig. 52
Auguste Vacquerie, Le Petit, *Le Frondeur, journal satirique hebdomadaire*, première année, n° 33, 15 octobre 1882.
Lithographie
MVHP - E - 3065

N° 34 5 C^es

LA Petite LUNE

Bureaux : rue Coq Héron, 5 — **Dessins de GILL** — Abonnem^ts : Paris, 3 fr. — Dépar^ts, 3 fr. 50

AMNISTIE !

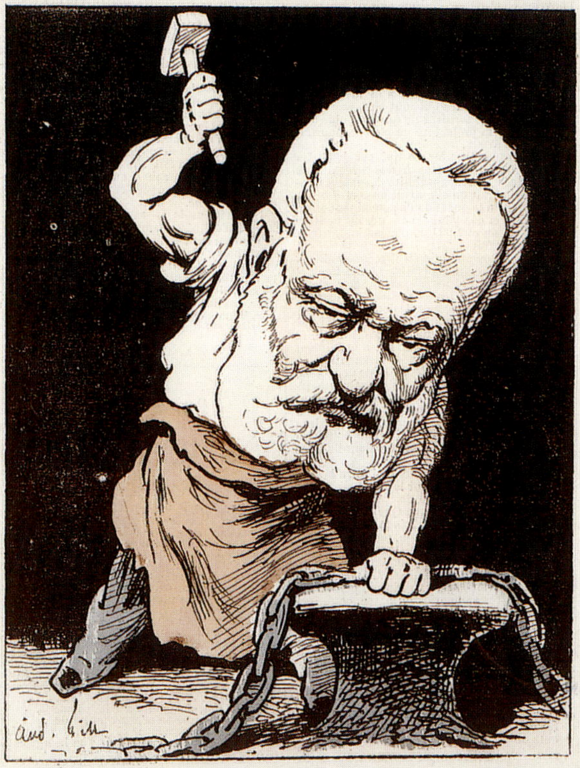

Le vieux briseur de fers.

Fig. 53

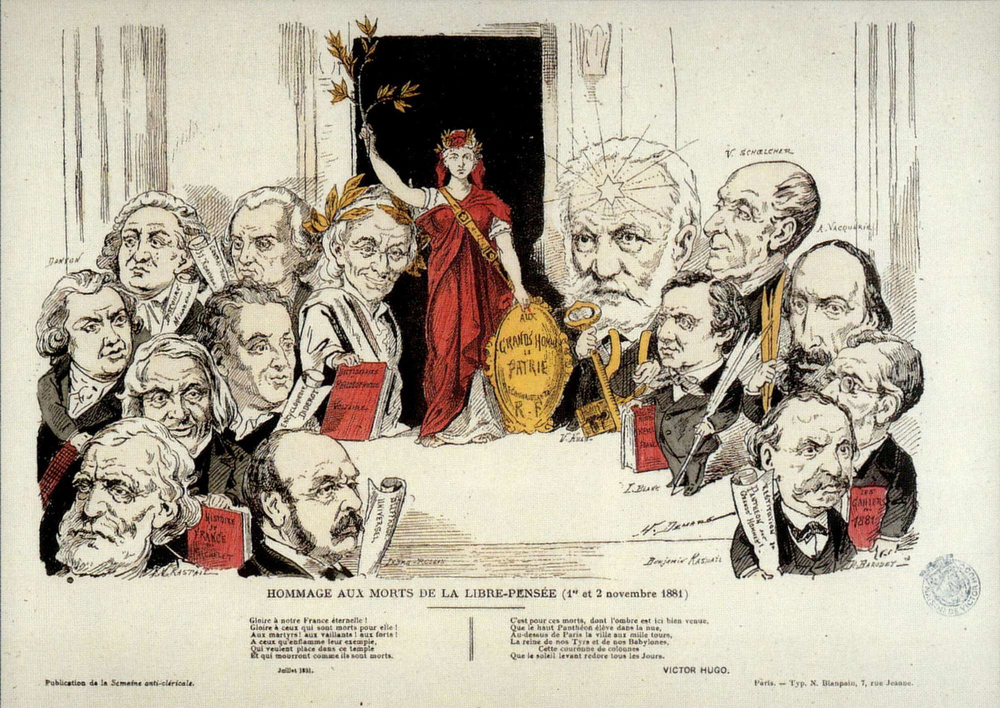

Fig. 54

Fig. 54
Hommage aux morts de la libre-pensée (1er et 2 novembre 1881), Demare, *La Semaine anti-cléricale*, troisième année, n° 106, 29 octobre 1881.
Lithographie
MVHP - E - 3068

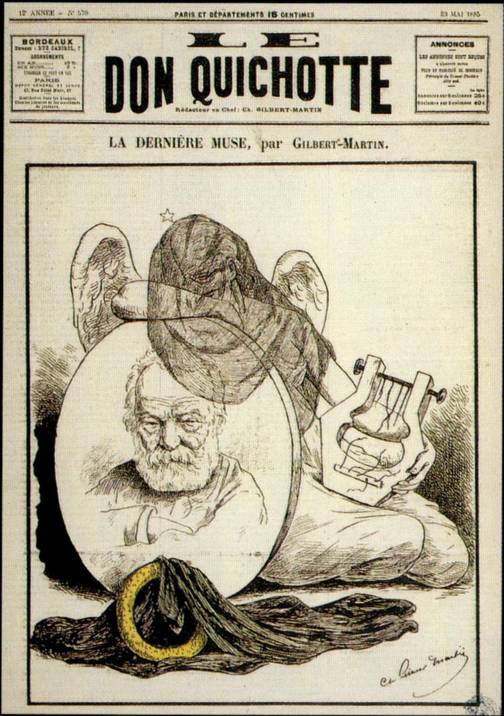

Fig. 55

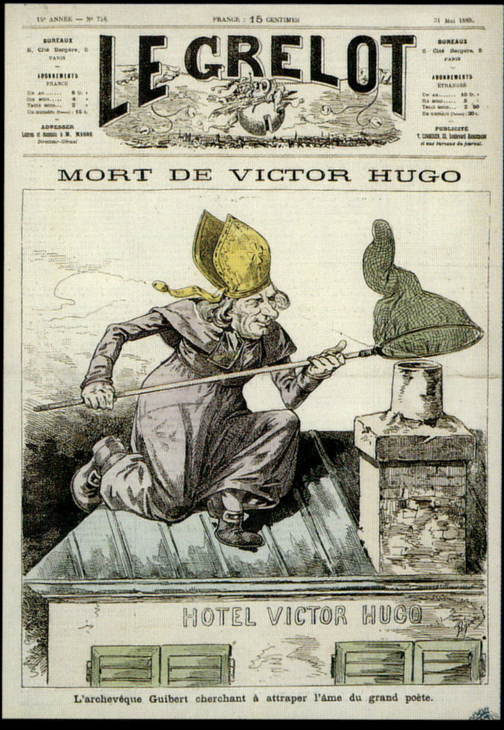

Fig. 56

Fig. 55
La dernière muse, Gilbert-Martin,
Le Don Quichotte, douzième année,
n° 570, 23 mai 1885.
Lithographie
MVHP - E - 3062

Fig. 56
Mort de Victor Hugo, Pépin, *Le Grelot*,
quinzième année, n° 738, 31 mai 1885.
Lithographie
MVHP - E - 3061

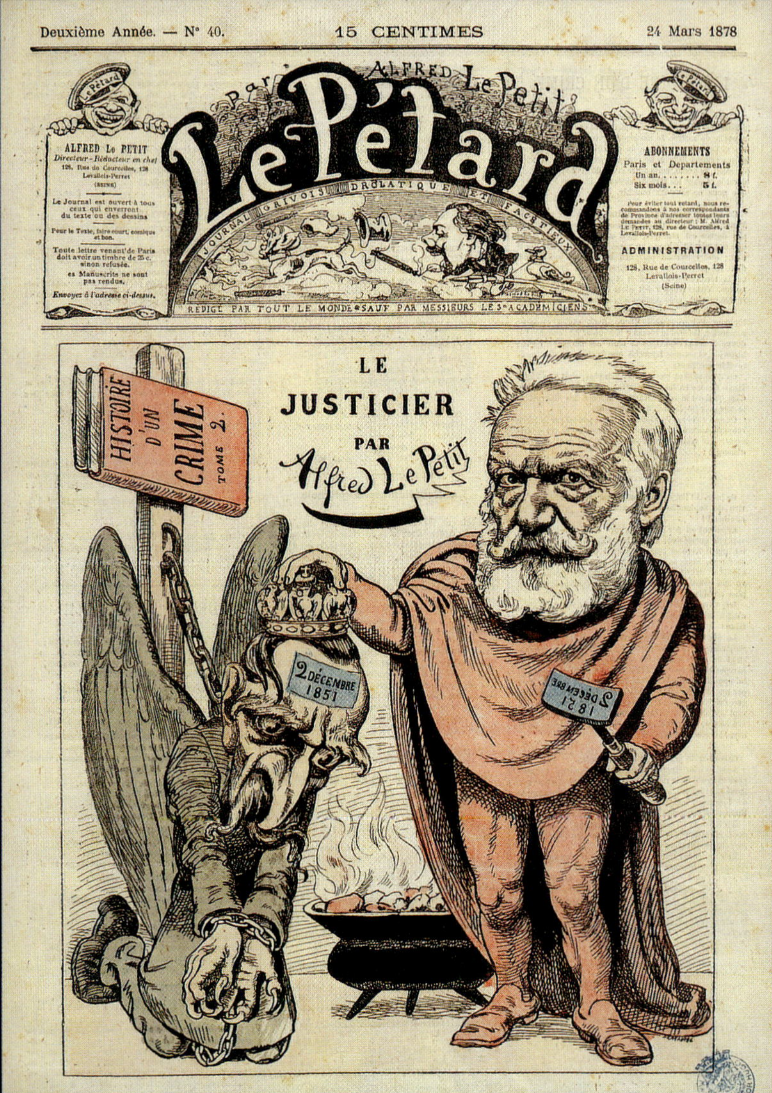
Deuxième Année. — N° 40. 15 CENTIMES 24 Mars 1878

Par ALFRED Le Petit

Le Pétard

JOURNAL GRIVOIS DROLATIQUE ET FACÉTIEUX

RÉDIGÉ PAR TOUT LE MONDE SAUF PAR MESSIEURS LES 3° ACADÉMICIENS

ALFRED Le PETIT
Directeur-Rédacteur en chef
128, Rue de Courcelles, 128
Levallois-Perret
(SEINE)

Le Journal est ouvert à tous ceux qui enverront du texte ou des dessins

Pour le Texte, faire court, comique et bon.

Toute lettre venant de Paris doit avoir un timbre de 25 c. sinon refusée.

es Manuscrits ne sont pas rendus.

Envoyez à l'adresse ci-dessus.

ABONNEMENTS
Paris et Departements
Un an. . . . . 8 f.
Six mois. . . 5 f.

Pour éviter tout retard, nous recommandons à nos correspondants de Province d'adresser toutes leurs demandes au directeur : M. Alfred Le Petit, 128, rue de Courcelles, à Levallois-Perret.

ADMINISTRATION
128, Rue de Courcelles, 128
Levallois-Perret
(Seine)

LE JUSTICIER PAR Alfred Le Petit

Fig. 57

Fig. 57
Le Justicier, Le Petit, *Le Pétard*, deuxième année, n° 40, 24 mars 1878
Lithographie
MVHP - E - 3084

Certains journaux illustrés n'auront pas attendu la chute de l'Empire pour annoncer le retour d'exil de Victor Hugo : ainsi, *Paris comique* (1er janvier 1870), dans une charge de Carlo Gripp, le montre à l'occasion de sa « Revue de l'année 1869 », nuancée, il est vrai, par un « Tout ça, c'est des bêtises », en tambour-major auréolé de rayons, suivi d'un long cortège de proscrits.

Rentré à Paris le 5 septembre 1870, il apparaît dès le 18 dans une vignette[65] due à Hadol et parue dans *L'Esprit follet* : pour illustrer le « retour des exilés », le dessinateur[66] a représenté la Liberté qui vient de pousser une porte par laquelle sont passés Hugo, grosse tête, grand front, portant une lyre, et Rochefort avec sa lanterne. La légende précise : « Tous les fers tombent, toutes les portes s'ouvrent ».

Peu de temps après la première édition française des *Châtiments* (20 octobre 1870), un étudiant de l'École des Beaux-Arts, Faustin, se fait connaître par une charge (fig. 21) d'une grande force : Hugo, tête plus haute que le corps, avec *Les Châtiments* sous le bras, écrit le mot « Véritas », tout en posant les pieds sur la chaîne de fer de l'ex-empereur. Un quatrain extrait des *Châtiments* (« Toulon », I, 2) évoque l'énorme boulet du prisonnier :

« Va, bandit ! Ce boulet que, dans des temps stoïques,
Le grand soldat, sur qui ton opprobre s'assied,
Mettait dans les canons de ses mains héroïques,
Tu le traîneras à ton pied ! »

Des caricatures qui saluent également la publication des *Châtiments*, on peut retenir un autre dessin de Faustin, où la seule grosse tête de Victor Hugo repose sur un exemplaire des *Châtiments*, ainsi qu'une charge[67] d'Alfred Le Petit (*L'Éclipse*, 22 mars 1871) : la tête de Hugo, un immense soleil au front, est au milieu de fleurs d'où part un éclair sur lequel est écrit « *Les Châtiments* », et qui va frapper Napoléon III dont la couronne est à terre.

Quelques mois plus tard, dans la série « Les représentants représentés », la tête de Victor Hugo se confond avec l'enveloppe d'un ballon : une vingtaine d'œuvres de l'écrivain, jetées par-dessus

65. La vignette voisine montre « l'illumination de la statue de Strasbourg », place de la Concorde, pour laquelle Juliette Drouet avait posé.

66. Désormais, les moindres faits et gestes de Hugo sont guettés par les caricaturistes. Ainsi, le képi qu'il achète le 7 octobre 1870 se retrouvera sur sa tête dans une charge de *La vie parisienne* (15 juillet 1871).

67. En légende, on lit ce quatrain :
« M. Vor Hugo
Ce vieil et robuste églantier
Toujours fleuri de nobles roses,
N'eut des épines sans quartier
Que pour les méprisables choses ».

la nacelle, lui permettent de s'éloigner de la terre. Le député ne ferait-il pas mieux de prendre de « l'altitude » ?… Entre temps, en effet, l'Assemblée a dû se réfugier à Bordeaux, et une caricature de Baf, « Actualités », le montre à la tribune, un fouet à la main : il essaie de dialoguer avec « la Ménagerie de Bordeaux ».

Peu de temps après, il donne sa démission et s'installe à Bruxelles pour régler la succession de son fils Charles, mort subitement à Bordeaux le 13 mars. À peine sa lettre à *L'Indépendance belge* est-elle publiée[68] que les charges se multiplient : la caricature retrouve de son mordant et de sa causticité. Bertall montre dans « Une salade dans un crâne » (« Victor Hugo, avant la lettre », *Le Grelot*, 11 juin 1871, fig. 20), qui s'inspire de son propre dessin du 29 novembre 1862, que « les plus belles choses ont le pire destin. » Les propos de Bertall sont très vifs : le cerveau « qui renferme le génie du grand poète de notre temps » est « troublé » ; il est « en proie à je ne sais quelle fièvre, à je ne sais quel enivrement […]. » *La Vie parisienne* (12 août) conspue Hugo dont la tête[69] fulmine : elle lui remet un « sifflet d'honneur » et dénonce « ses droits d'auteur dans cette farce sinistre de la *Commune* ». Mais la palme de la violence revient à des « Actualités grotesques » : pour dix centimes, on peut acquérir une feuille qui reproduit d'un côté la « Profession de foi de Victor Hugo sous la République de 1848 », et de l'autre une charge de Quillenbois où l'on retrouve le Hugo de cette

68. Elle paraît le 27 mai 1871 : Hugo offre aux proscrits de la Commune asile dans sa maison de la place des Barricades. Dans la nuit du 27 au 28, elle est attaquée par des voyous réactionnaires. Le gouvernement belge va expulser Hugo qui part pour le Luxembourg.

69. On remarque aussi en arrière de son crâne la protubérance de Bouddha (observation aimablement transmise par Marie-Laurence Marco, bibliothécaire à la Maison de Victor Hugo).

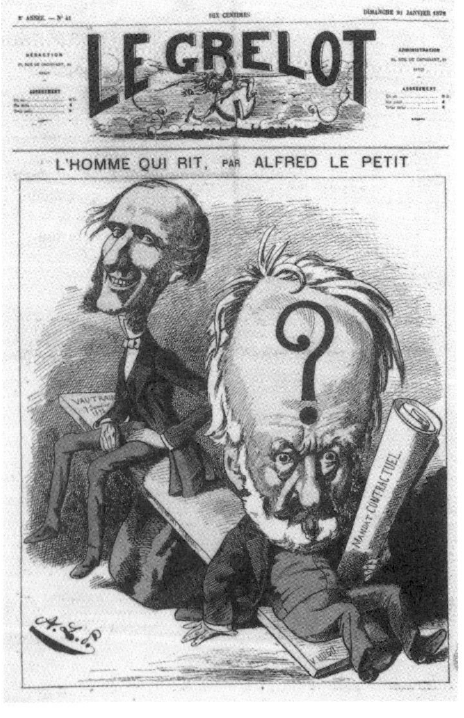

Fig. 58

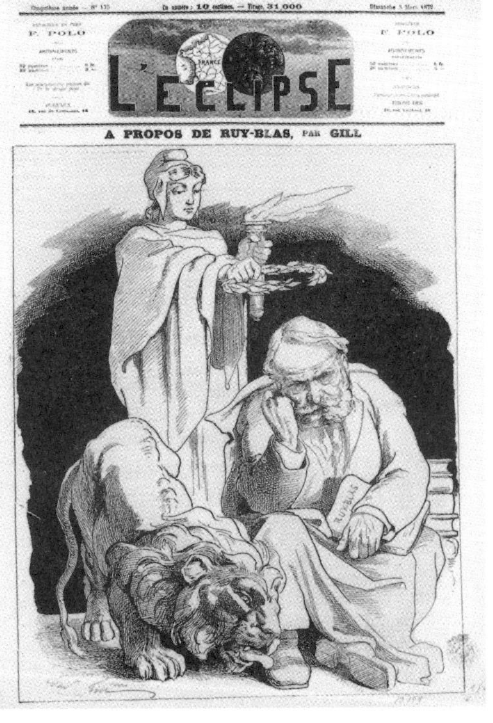

Fig. 59

époque, très grosse tête, bonnet phrygien, large front avec emblème maçonnique, à califourchon sur un mirliton, au-dessus de Paris incendié. La légende mérite d'être reproduite intégralement : «VICTOR HUGO n'a ni moralité politique, ni science politique, ni idées politiques; il ânonne trois ou quatre phrases sur l'abolition de la peine de mort, sur la haine des prêtres et sur la grande âme du peuple; voilà tout son bagage oratoire. Il a admis la légitimité de la Commune et offert sa demeure aux survivants de la lutte; il n'a de tendresse que pour les assassins, et que de l'indifférence pour les assassinés».

Cette prise de position en faveur des Communards explique sans doute l'échec de Hugo aux élections partielles à Paris en janvier 1872. Le 14, Rey illustre sa défaite («L'éclipse du 7 janvier», *L'Éclipse*, fig. 19) : bien que soleil rayonnant, Hugo a été battu par le président du Conseil général, Vautrain, transformé en moucheur de chandelle, qui lui fait des pieds de nez. Le 21 janvier, dans *Le Grelot* (fig. 58), Alfred Le Petit reprend le titre du roman publié trois ans plus tôt, *L'Homme qui rit* : Hugo, point d'interrogation au front, plus lourd que Vautrain, est tout surpris de son échec. Samuel le représente avec d'autres radicaux, dont Gambetta, dans une botte de radis défraîchis («Carottiers, panés et radicaux», *L'Éclipse*, 11 février 1872).

En revanche, la sympathie de Gill pour Hugo se manifeste encore dans son dessin du *Jouet illustré* (14-21 janvier 1871) où celui qui vient de connaître la défaite, est présenté sous les traits d'un solide lutteur, avec, pour légende :

«........................ Tu peux chanter victoire,
Ton nom à tout jamais restera dans l'histoire.»

Cette sympathie se retrouve à l'occasion de la reprise de *Ruy Blas* à l'Odéon : dans *L'Éclipse* du 3 mars 1872 (fig. 59), Gill[70] montre le poète assis, pensif, son drame à la main, tandis qu'un lion vient lui lécher le pied et que l'allégorie de la République s'apprête à poser une couronne de lauriers sur sa tête. L'article signé S.D. insiste sur le «succès absolu» de l'«œuvre éblouissante du poëte merveilleux». En quatrième page du journal, Hugo, affublé d'un manteau rapiécé (*Hernani*, *Lucrèce Borgia*, *Le roi s'amuse*, *Marion de Lorme*, *Ruy Blas*), est sur le toit de l'Odéon : «Don César de Hugo. Un manteau qui vaut bien la pourpre d'un César.» Quelques jours avant, Marquet dans *Le Sifflet* du 25 février avait démesurément agrandi le crâne de Hugo pour y loger «Ruy Blas, Lafontaine» et «la reine, Sarah-Bernhardt».

La reprise[71] de *Marie Tudor* au Théâtre de la Porte-Saint-Martin va retenir également l'attention des caricaturistes. Ainsi, Alfred Le Petit («Galerie charivarique», *Le Charivari*, 30 septembre 1873) reprend le motif de l'étoile qui rayonne au front de l'écrivain, tête aussi grande que le corps, assis sur son drame qui est porté par quatre muses.

70. Le 27 février, Hugo note dans son Carnet : «Gill a fait sur moi, à propos de *Ruy Blas*, un très beau dessin qui paraît demain dans *L'Éclipse*. Je l'ai invité à dîner».
71. Il en ira de même pour la reprise d'*Hernani* à la Comédie-Française, en décembre 1877. Dans *Le Carillon* *(8 décembre)*, Henri Demare montrera Victor Hugo qui semble animer de son œil les personnages de la pièce.

Fig. 58
L'homme qui rit, Le Petit, *Le Grelot*, deuxième année, n° 41, 21 janvier 1872.
Lithographie
MVHP - E - 3077

Fig. 59
À propos de Ruy Blas, Gill, *L'Éclipse*, cinquième année, n° 175, 3 mars 1872.
Lithographie
MVHP - E - 3078

L'Etna fumant sur le ventre de Hugo (*Le Sifflet*, 5 octobre 1873, fig. 60) a dû intriguer plus d'un lecteur : la charge[72] de Morland renvoie à des vers de *La libération du territoire* parue en brochure le 16 septembre :

« J'entrevois sur ma tête un nuage, un cratère,
Et l'âpre éruption des peuples, fleuve ardent ;
Je râle sous le poids de l'avenir grondant,
J'écoute bouillonner la lave sous-marine,
Et je me sens toujours l'Etna sur la poitrine ! »

À la différence des charges précédentes, « L'homme qui pense[73] », évident écho à *L'Homme qui rit* (*L'Éclipse*, 4 octobre 1874, fig. 61),

72. En-dessous de la charge on a reproduit ces mots de Victor Hugo : « J'autorise M. le rédacteur du *Sifflet* à publier des dessins, des caricatures, si bon lui semble, me concernant. Victor Hugo. »

73. Hugo note dans son *Carnet* (5 octobre 1874) : « J'ai acheté les trois numéros de *L'Éclipse* où il y a les trois dessins de Gill : *L'homme qui rit* (Thiers), *L'homme qui parle* (Gambetta), *L'homme qui pense* (Victor Hugo) ».

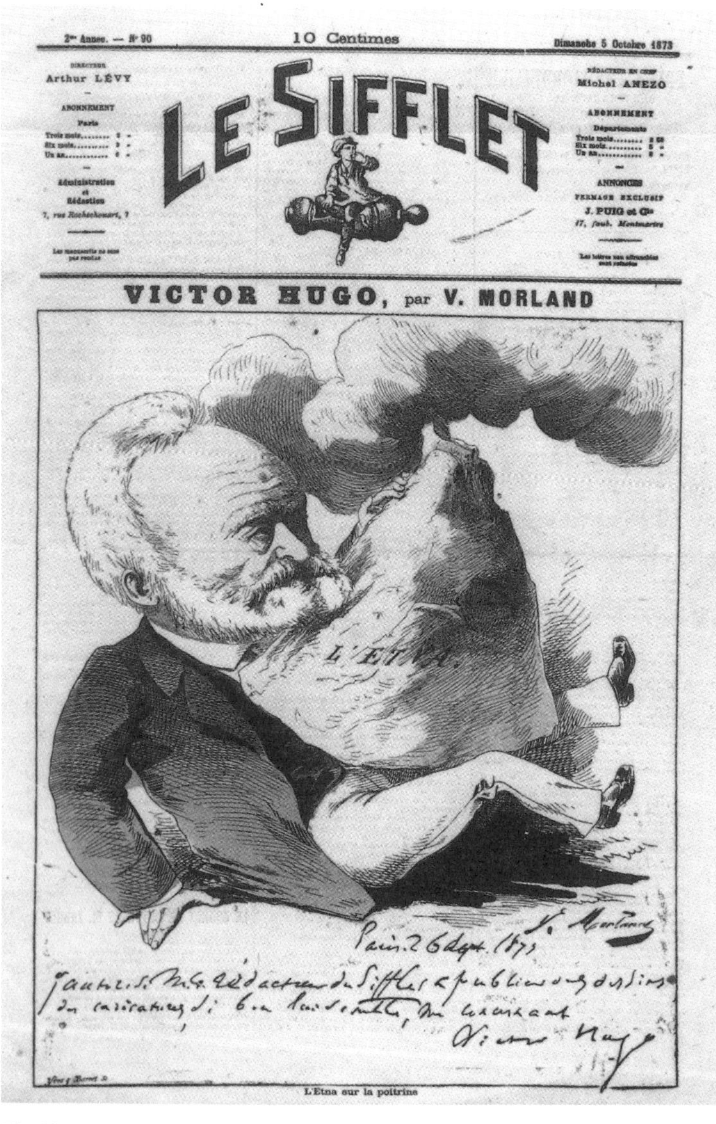

Fig. 60

n'est pas liée à une publication particulière; aucun article ne la commente. Il faut vraisemblablement y voir plus un nouvel hommage de Gill à son «Maître» qu'une illustration de celui qui «réfléchit» à *La question de la paix*, lettre publiée un mois plus tôt dans *Le Rappel*.

Ce témoignage d'admiration de Gill n'est pas le seul en cette année 1874 : on pourrait notamment y ajouter celui de Mailly[74] où Hugo-prophète impose les mains sur les têtes de deux jeunes écrivains, ou celui de Lafosse, dans *Le Tintamarre*, où Hugo reçoit le prix d'excellence et une couronne de lauriers en présence d'un nombreux public. La date de parution dans *L'Éclipse* (29 août 1875) du dessin-charge

74. Journal non identifié.

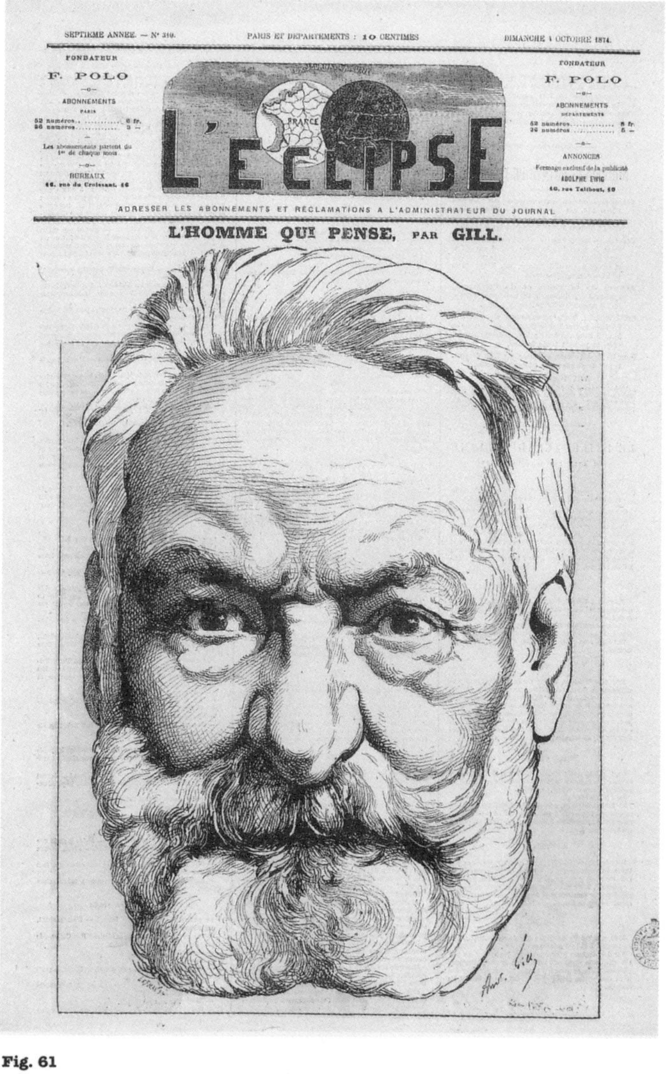
SEPTIÈME ANNÉE. — N° 310. PARIS ET DÉPARTEMENTS : 10 CENTIMES DIMANCHE 4 OCTOBRE 1874.

FONDATEUR F. POLO

L'ÉCLIPSE

ADRESSER LES ABONNEMENTS ET RÉCLAMATIONS A L'ADMINISTRATEUR DU JOURNAL

L'HOMME QUI PENSE, PAR GILL.

Fig. 61

Fig. 60
Victor Hugo, Morland, *Le Sifflet*, deuxième année, n° 90, 5 octobre 1873.
Lithographie
MVHP - E - 3079

Fig. 61
L'homme qui pense, Gill, *L'Éclipse*, septième année, n° 310, 4 octobre 1874.
Lithographie
MVHP - E - 2353

de Gill (fig. 22), qui représente Hugo sculptant les bustes de Robespierre, Danton et Marat, peut surprendre car *Quatrevingt-Treize* a été publié le 19 février de l'année précédente. En fait, la charge a été victime de la censure[75] comme le rapporte Hugo lui-même dans son *Carnet* à la date du 24 février : « M. E. Douay, du journal *L'Éclipse*, est venu hier et m'a raconté que la censure venait d'interdire un dessin d'André Gill représentant *Victor Hugo, statuaire, sculptant les bustes de Robespierre, de Danton et de Marat* avec une petite figure d'enfant mêlée à ces hommes ».

Les caricatures qui suivent de quelques jours la sortie du premier tome (1er octobre 1877) et du second (15 mars 1878) de *L'Histoire d'un crime*, pourraient illustrer les mots de Baudelaire (*De l'essence du rire*) : « Elles ont droit sans doute à l'attention de l'historien [...]; elles doivent prendre leur rang dans les archives nationales. » Hugo qui insiste dans son livre sur son actualité[76], est représenté par Gill (*La Lune rousse*[77], 7 octobre 1877, fig. 18), sous les traits d'un juge qui tient en main le « Crime du 2 décembre », tout en regardant l'aigle impérial qui gît à ses pieds. C'est en « Justicier » qu'Hugo est dessiné par Alfred Le Petit (*Le Pétard*[78], 24 mars 1878, fig. 57), en train de marquer au fer rouge le front de l'ex-empereur. On pense aux vers de « L'homme a ri » (*Les Châtiments*, III, 2) :

75. *L'Éclipse* du 22 mars 1874 précise ses démêlés avec la censure et verse au dossier une lettre de Hugo : « J'ai vu le beau dessin d'André Gill. Il n'est pas seulement beau, il est charmant. L'enfant mêlé à ces figures sévères et terribles exprime gracieusement et gaîment la pensée du livre : *Quatrevingt-Treize*, et il est bon que, là où les passions humaines font trembler, l'innocence fasse sourire. Victor Hugo. » L'article du journal se termine ainsi : Gill « avait fait un grand dessin sur un grand livre. Il a oublié que son crayon était corvéable des petits hommes qui ne servent que les petites haines ».

76. Hugo l'a commencé en exil à Bruxelles.

77. Le journal précise : « La censure n'a pas voulu tolérer ce croquis dénué d'enthousiasme pour l'oiseau bonapartiste ». Le dessin verra néanmoins le jour sous forme d'un tiré à part.

78. Le journal reproduit un extrait d'*Histoire d'un crime*, précédé d'un bandeau : « Il y a de ces choses qui éblouissent et que l'esprit humain ne peut analyser. Comme le rayon de soleil, le génie, cette autre étincelle divine, est impondérable, et dans les régions sidérales il existe des limites que nous ne saurions franchir. »

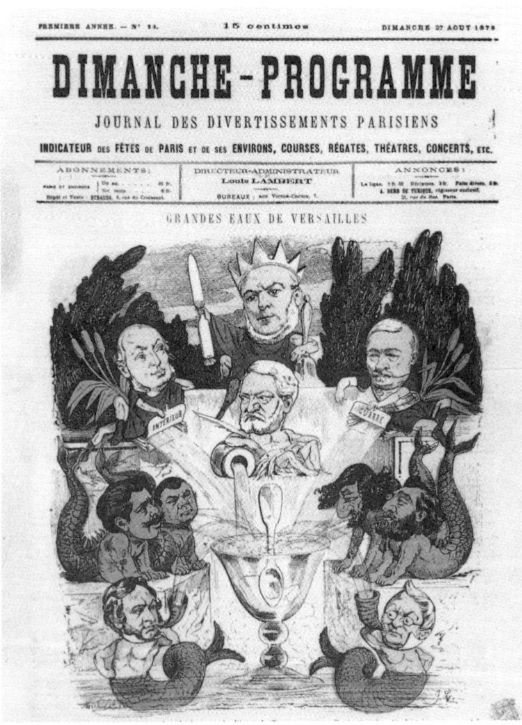

Fig. 62

Fig. 62
Grandes eaux de Versailles, G. L., *Dimanche-Programme, journal des divertissements parisiens, indicateur des fêtes de Paris et de ses environs, courses, régates, théâtres, concerts, etc.*, première année, n° 14, 27 août 1876.
Lithographie
MVHP - E - 3083

« […] Je t'ai saisi. J'ai mis l'écriteau sur ton front;
[…] Toi, tandis qu'au poteau le châtiment te cloue,
[…] Mais je tiens le fer rouge et vois ta chair fumer. »

Le Don Quichotte du 29 mars 1878 (fig. 47) propose un « crayon » de Gilbert-Martin (« Le nez dedans ») qui, précise la « Gazette », montre « la tache de sang sur le pavé de Décembre » et cite un extrait de « Nox » (*Les Châtiments*). Dans certaines éditions du journal, on peut lire en légende : « Vieux rouge rapace, et faux teint ».

Élu sénateur de la Seine le 30 janvier 1876, Victor Hugo n'aura de cesse qu'il n'obtienne l'amnistie totale des Communards. Les plaies sont encore vives, et la caricature est partagée : Gilbert-Martin dans

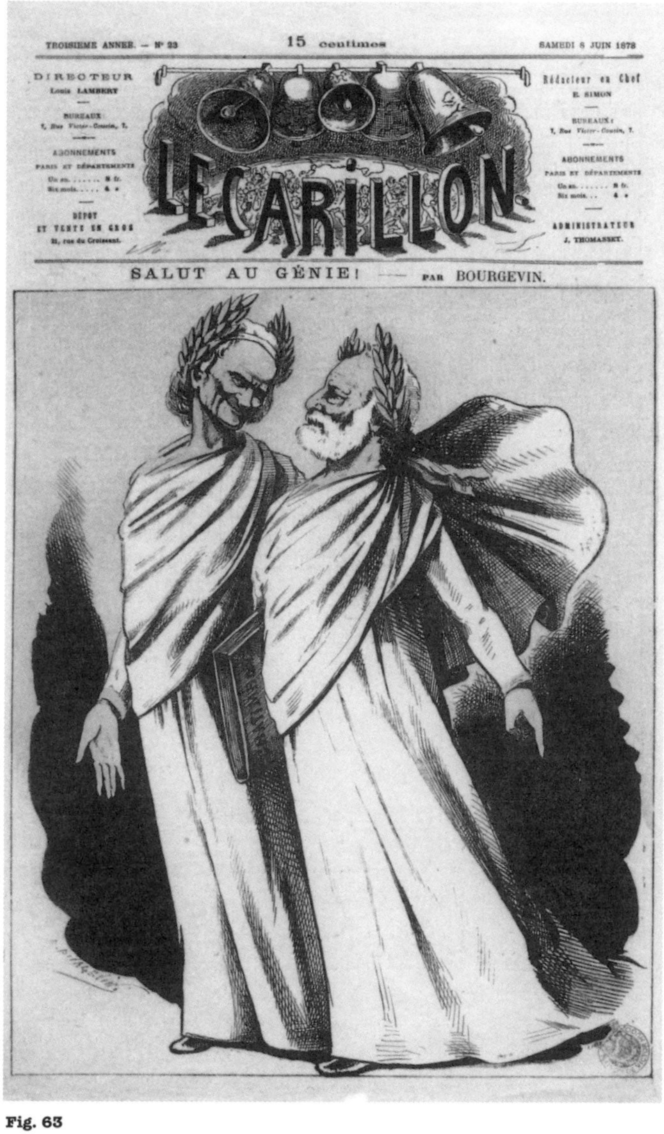

Fig. 63

Fig. 63
Salut au génie !, Bourgevin, *Le Carillon*, troisième année, n° 23, 8 juin 1878.
Lithographie
MVHP - E - 3085

Le Don Quichotte du 22 juillet 1876 (fig. 23), deux mois après le discours de Hugo au Sénat en faveur d'une « amnistie pleine et entière », le représente au milieu de l'« Olympe » :

« Puis vient **Hugo**-Prométhée,
Dont la cervelle agitée
Joue un bien différent jeu,
Car ce rêveur de génie
Au foyer de l'amnistie
Vient chiper un peu de feu ! »

« Les grandes eaux de Versailles », dues à G.L. (*Dimanche-Programme*, 27 août 1876, fig. 62), font de Hugo un personnage mythologique, proche de Neptune, qui jette un regard noir au ministre de l'Intérieur, Oscar Bardy de Fourtou, qui s'oppose à sa proposition d'amnistie. Quant à *La Petite Lune*, 1879 (fig. 53), elle permet à Gill, quelques semaines après le second discours de Hugo au Sénat pour l'amnistie, de témoigner à nouveau sa sympathie envers celui qui devient un « vieux briseur de fers » qui force l'admiration.

En participant à la célébration du centenaire de la mort de Voltaire, en mai 1878, avec un discours prononcé au Théâtre de la Gaîté, Hugo est, une fois de plus, dans l'actualité chère aux caricaturistes : pour eux, en glorifiant « ce grand vivant », « ce grand esprit », il cherche à se glorifier lui-même. *Le Carillon* du 8 juin 1878 (fig. 63) en est une bonne illustration : le dessin de Bourgevin accentue les ressemblances entre les deux écrivains (même taille, même toge, mêmes lauriers, mêmes gestes du bras). C'est « Salut aux génies ! » qu'il faudrait lire, et non « au génie ».

Un mois plus tard, Hugo, qui vient d'être victime d'une congestion cérébrale, quitte Paris avec Juliette Drouet pour un séjour à Guernesey : ce sera le dernier. La charge de Gill (*La Petite Lune*, 17 novembre 1878, fig. 64) paraît huit jours après son retour dans la capitale et son installation avenue d'Eylau : le soleil qui sort de son sac de voyage, au monogramme « H », trouve son explication dans la légende :

« [...] Le Maître aux grands vers pleins de flammes
Est de retour.- Le bois est cher...
A défaut de feu pour la chair,
Voilà du soleil pour les âmes ! »

En fait, c'est un Hugo quelque peu diminué qui rentre de son « cher Guernesey » : la bonne, Mariette, a signalé des vomissements nocturnes, et, selon Juliette, il compromet sa « précieuse santé » dans sa relation avec la jeune Blanche Lanvin.

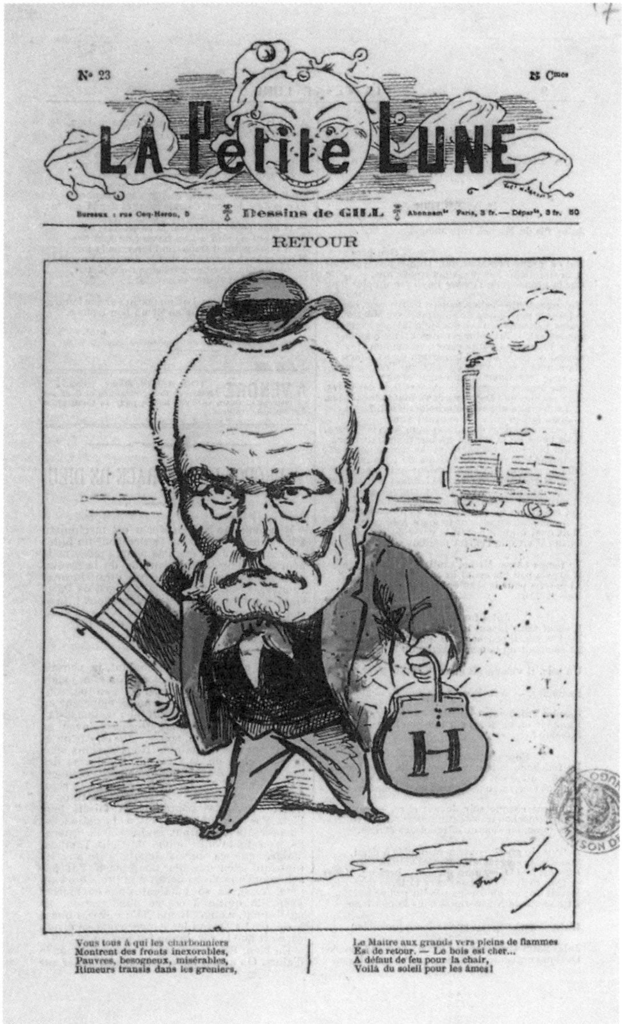

Fig. 64

Fig. 64
Retour, Gill, *La Petite Lune*, n° 23,
[17 novembre 1878].
Lithographie
MVHP - E - 3086

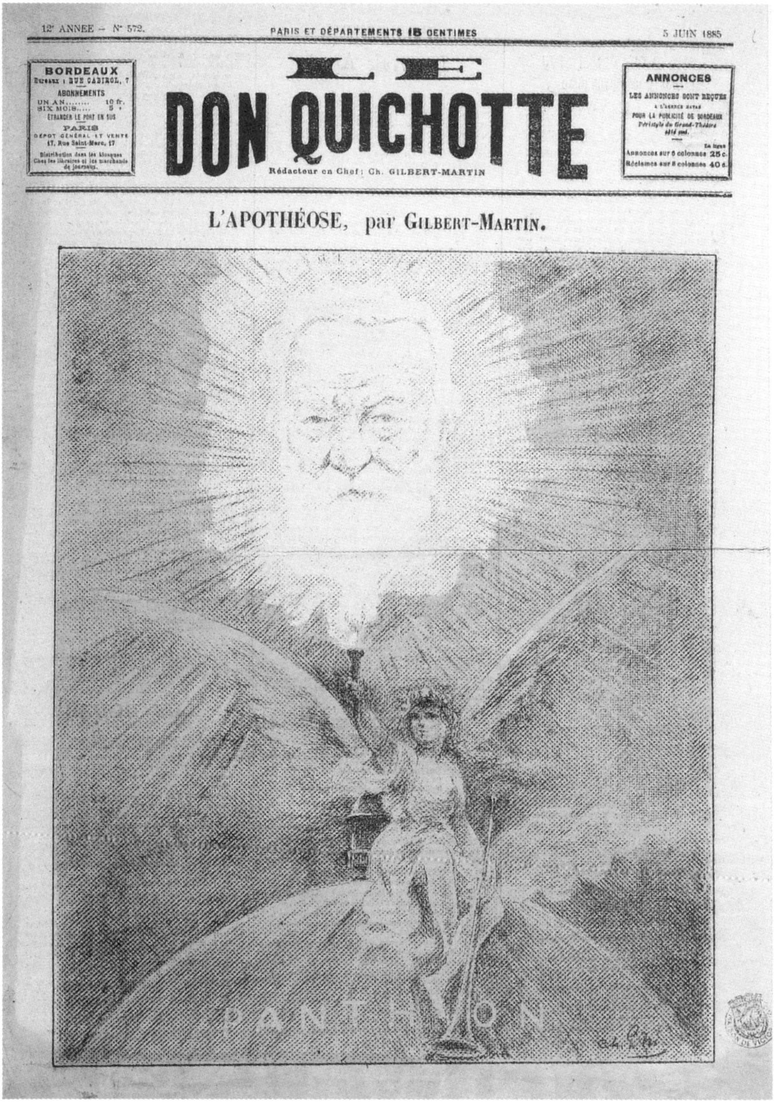

Fig. 65

Fig. 65
L'apothéose, Gilbert-Martin, *Le Don Quichotte*, douzième année, n° 572, 5 juin 1885.
Lithographie
MVHP - E - 3065

Fig. 66
Loisirs naturalistes, Gill, *La Petite Lune*, n° 44, [1879].
Lithographie
MVHP - E - 3074

La caricature participe pour une bonne part, dans les dernières années de sa vie, à sa glorification : Victor Hugo va devenir le Père de la République, l'un des dieux de l'Olympe, voire Dieu lui-même. C'est d'abord le visage, quasi photographique, du grand-père que la France connaît, que l'on retrouve le plus souvent, comme dans *Le Don Quichotte* du 5 mars 1880 (fig. 68), quelques jours après l'anniversaire du poète. « Ce siècle avait deux ans… » de Gilbert-Martin est suivi d'un huitain intitulé « L'Anniversaire de Victor Hugo » :

« On l'admire, on s'étonne presque
Que le Maître porte aisément
Sur son épaule gigantesque
Un siècle à son achèvement […] »

Le visage est plus émacié sous le crayon de Sapeck[79] (*La Chronique parisienne*, 12 juin 1881, fig. 67) qui, à l'occasion de la publication des *Quatre Vents de l'Esprit*[80], rend hommage au poète, à son esprit, sur lequel soufflent ou sifflent quatre têtes ailées : « Ton front est toujours tourné vers les étoiles ! » lit-on dans un poème en page 2. La représentation de Hugo avec une grosse tête, souvent plus haute que le corps, demeure : ainsi, dans *Le Blagorama* n° 1 (« La Distribution des drapeaux – Chacun le sien !…… », 1881) Hugo est dessiné par H. Demare, tenant le drapeau de l'humanité d'une

79. Le même dessin sera reproduit, sans les têtes ailées, dans *La Chronique parisienne*, quelques jours après la mort de l'écrivain.
80. L'année précédente, la publication de *L'Âne* a retenu l'attention de quelques caricaturistes, dont Moloch (*La Silhouette*, 1er novembre 1880) qui a représenté Hugo en toge, tête aussi volumineuse que le corps et entourée de rayons, qui apprend à écrire à un âne avec un éclair qui part de sa main.

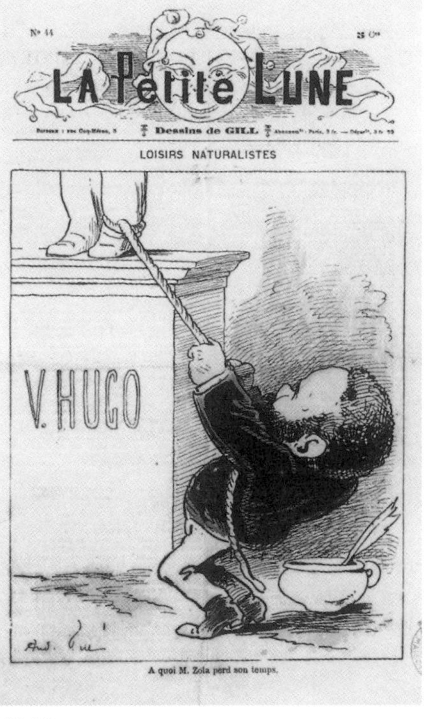

Fig. 66

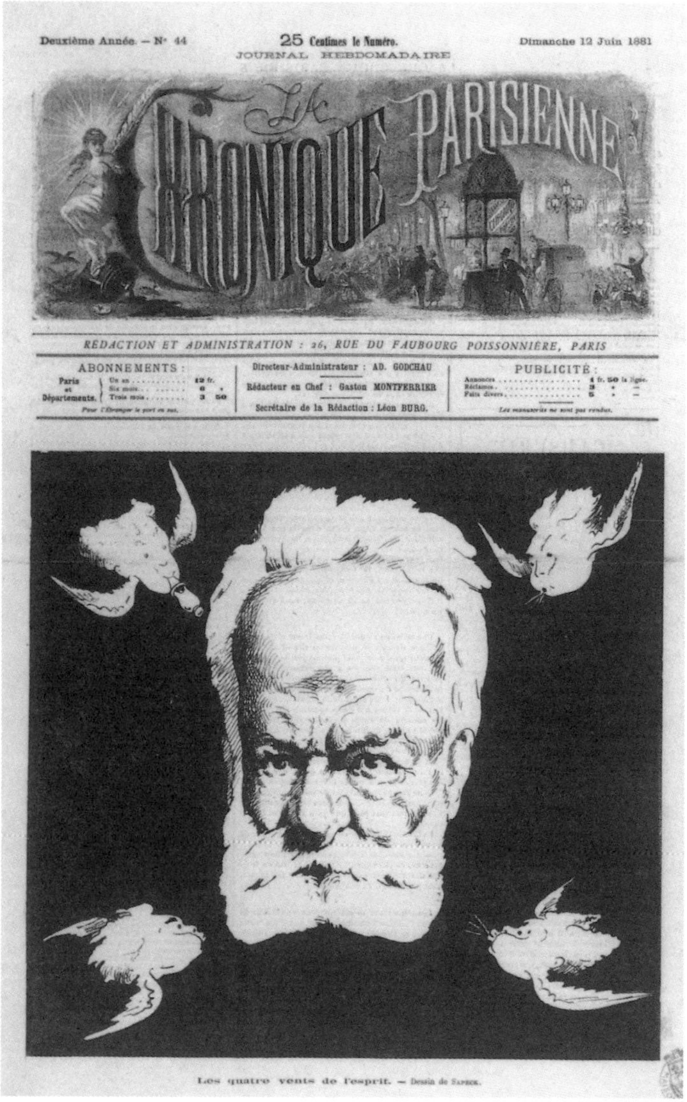

Deuxième Année. – N° 44 25 Centimes le Numéro. Dimanche 12 Juin 1881

JOURNAL HEBDOMADAIRE

LA CHRONIQUE PARISIENNE

RÉDACTION ET ADMINISTRATION : 26, RUE DU FAUBOURG POISSONNIÈRE, PARIS

ABONNEMENTS : Paris et Départements. Un an ... 12 fr. Six mois ... 6 » Trois mois ... 3 50. Pour l'Étranger le port en sus.

Directeur-Administrateur : AD. GODCHAU

Rédacteur en Chef : Gaston MONTFERRIER

Secrétaire de la Rédaction : Léon BURG.

PUBLICITÉ : Annonces ... 1 fr. 50 la ligne. Réclames ... 3 » – Faits divers ... 5 » –

Les manuscrits ne sont pas rendus.

Les quatre vents de l'esprit. – Dessin de SAPECK.

Fig. 67

Fig. 67
Les Quatre Vents de l'Esprit, Sapeck,
La Chronique parisienne, journal hebdomadaire, deuxième année, n° 44,
12 juin 1881.
Lithographie
MVHP - E - 3026

main, et son discours sur « l'amnistie pleine » de l'autre. Dans *Le Masque* (« Panthéon moderne », 1er juillet 1882), Cohl le place au centre d'un groupe d'écrivains, les bras croisés. L'« Hommage aux morts de la libre-pensée » de H. Demare, paru dans la prime de *La semaine anti-cléricale* en octobre-novembre 1881 (fig. 54), est encore plus symbolique : non seulement Hugo a une tête double de celle des autres héros (Voltaire, Rousseau, Diderot, Michelet, etc.), mais il porte au front une étoile d'où partent des rayons, et il reçoit de la France « les clefs du Panthéon ». Deux strophes du poète prolongent cet « hommage » :

« Gloire à notre France éternelle !
Gloire à ceux qui sont morts pour elle ! [...] »

De plus en plus fréquemment, la caricature ne s'intéresse qu'au buste de Hugo, comme dans la charge de H. Demare (*Les Hommes d'aujourd'hui*, 1881, fig. 49), où le fidèle Paul Meurice qui vient d'adapter *Quatrevingt-Treize* pour le Théâtre de la Gaîté, s'apprête à remettre au poète une couronne de lauriers, ou dans le dessin de Gill (*Le Monde illustré*, 5 janvier 1884), où Hugo apparaît dans les nuages, lyre à la main, encadré par un soleil rayonnant et un ciel étoilé.

Parfois même, la tête seule est reproduite : sans déformation dans la charge[81] d'Alfred Le Petit (*Le Frondeur*, 15 octobre 1882, fig. 52) où l'autre fidèle ami, Auguste Vacquerie, *Le Rappel* en guise de

81. La légende se termine sur ces deux vers : « Hugo, voilà le Dieu, qui seul lui paraît grand,
Et nouveau Mahomet, Auguste est son prophète. »

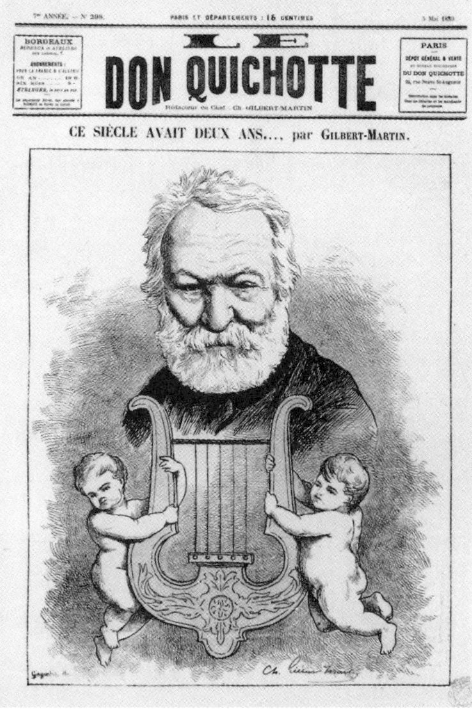

Fig. 68

Fig. 68
Ce siècle avait deux ans...,
Gilbert-Martin, *Le Don Quichotte*,
septième année, n° 298, 5 mars 1880.
Lithographie
MVHP - E - 2256

chape, porte un ostensoir dans lequel l'hostie est remplacée par le visage de Hugo dont le nom figure sur les rayons inférieurs; avec intention caricaturale plus marquée dans le *Paris-Pornographe* (30 décembre 1880) où les cheveux de Hugo sont dressés tout autour de sa tête, tels des rayons, ou dans *La Caricature* (8 janvier 1881) qui fait de Hugo « St. Victor », une nimbe au-dessus de lui.

La publication de la dernière œuvre majeure, *Torquemada*, donne lieu à un « Vieux Orphée » de Gilbert-Martin (*Le Don Quichotte*, 23 juin 1882, fig. 70), qui oppose la sérénité du poète qui joue de la harpe, avec, à ses pieds, son drame et son *Appel* en faveur des Juifs massacrés en Russie, à la férocité des tigres[82] qui attaquent hommes, femmes et enfants.

A la même date, *Le Triboulet*, dont la devise est « Dieu et le roy », montre Hugo, très grosse tête peu reconnaissable, assis sur un « tabouret-tribunal », qui écrit *Torquemada* avec la « plume châtiment » trempée dans l'« encre vengeance ». Il se tourne vers le bouffon du journal qui lui montre trois visages contemporains et qui lui dit : « .....Pas besoin de quelques modèles, patron, pour vos types d'inquisiteurs ? Je vous cèderais cela à bon compte, pour rien même ! »

Ce *Triboulet* est d'ailleurs l'un des rares journaux qui ne participent pas à l'hommage que rend au poète la presse satirique illustrée.

82. « Elles [« ces populations exterminantes »] ont l'épouvantable innocence des tigres » (« Appel » publié dans *Le Rappel* du 19 juin).

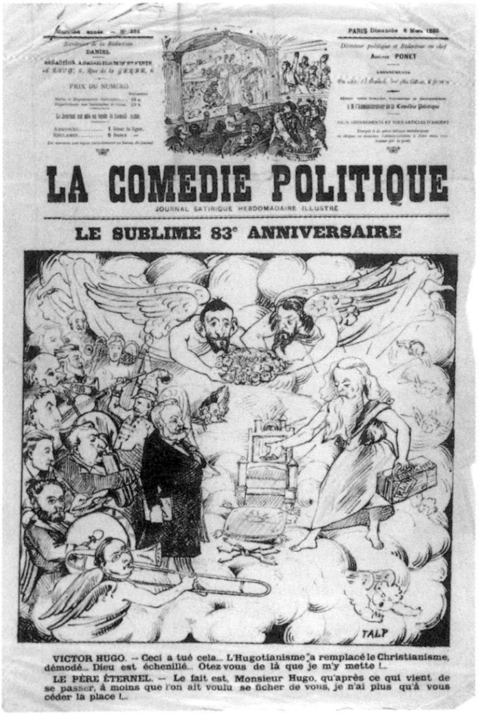

Fig. 69

Fig. 69
Le sublime 83ème anniversaire, Talp,
La Comédie politique, journal satirique, hebdomadaire, illustré, huitième année, n° 324, 8 mars 1885.
Lithographie
MVHP - E - 3063

Ainsi, alors que *Le Grelot*, comme d'autres, souligne le courage de Hugo qui brandit toujours le drapeau de l'amnistie (Moloch, « La dernière Bastille », 18 juillet 1880), *Le Triboulet* (6 mars 1881) s'en prend violemment à l'« apôtre de l'amnistie pour les assassins », au « pleurard intermittent qui gémissait sur le sort des fusilleurs d'otages », au « vieillard affaibli, en quête de popularité bête », à l'« orateur médiocre » qui est dessiné par Blass, tête aussi grosse que le corps, ayant dans sa main droite un gigantesque point d'interrogation ironique. De même, alors que *Le Droit au Peuple* (7 mars 1880) montre Victor Hugo solidement campé sur ses jambes et protégeant Hartmann[83] d'un agresseur invisible, qu'il tient dans ses bras, tel un enfant, Grippu, dans *Le Triboulet* du 14 mars 1880 (fig. 48), le représente en cartomancienne : « M'ame Victor, cartomancienne brevetée de tous les gouvernements... consultations en conseils gratuits à tous les assassins politiques. » La légende ajoute la phrase de Hugo : « Vous ne livrerez pas cet homme ». La « Chronique » du *Triboulet* dénonce les « républicains français » qui « ont dit avec la naïveté d'un vieux marin : Hartmann est un assassin politique. À ce titre, relâchez-le ».

83. Hartmann a participé à l'attentat contre le tsar. Arrêté à Paris, il devrait être extradé. L'intervention de Hugo près du gouvernement français se termine par « Vous ne livrerez pas cet homme ». La légende du *Droit au Peuple* reproduit cette phrase. Hartmann ne sera pas extradé.

Outre l'amnistie et l'affaire Hartmann, les relations Zola-Hugo sont traitées différemment selon le camp où se situent les journaux, mais il convient de préciser que, très souvent, la charge est à l'avantage du second. André Gill donne le ton – et quel ton ! – dans *La Petite Lune*, 1879 (fig. 66) : non seulement il représente « M. Zola » qui « perd son temps » en essayant d'abattre la statue de Victor Hugo, et qui risque de tomber dans un pot de chambre où trempe sa plume, mais il propose un poème parodique qui se termine sur ces mots :

« [...] Hugo prit *L'Assommoir*, en jugea le papier,
Puis en fit des carrés, cent, deux cents, cinq cents, mille,
Sans se hâter, superbe ; et tout à coup Émile
Eut un brusque sursaut d'esbroufe et de recul :
Hugo, de *L'Assommoir*, s'était torché le cul ! »

À la fin de l'année 1879, *La Vie parisienne* (« La cavalcade ») fait plus de cas de Hugo, au premier plan, à dos d'éléphant, « le chef orné de toutes les couronnes qui se sont accumulées sur sa tête depuis l'enfance du siècle », que de Zola, « le malheureux Z... » qui espère « un retour de veine au baccarat », assis sur un dromadaire. En revanche, dans *La Caricature* du 7 février 1880, c'est « Le triomphe du Naturalisme » qui éclate avec l'« inauguration de la statue d'Émile Zola », au sommet de la Colonne Vendôme, alors que Hugo, juché à l'extrémité d'un mât, a échoué avec d'autres « vils idéalistes » dans sa « manifestation anti-naturaliste ». Citons encore, parmi d'autres illustrations de ces zizanies, la charge d'Alfred Le Petit (*Les Contemporains*, 1880, fig. 50), tout à la gloire du poète devenu éclatant soleil dont le rayonnement souligne le ridicule de la chandelle « Naturalisme » tenue par Zola. Le quatrain de l'artiste renforce l'opposition :

« Armé d'une chandelle, au fond de sa boutique,
Zola croit rayonner d'un éclat sans pareil,
Et dans son fol orgueil, nous voyons ce critique
S'efforcer d'obscurcir les rayons du soleil ».

Deux mois, jour pour jour, avant la mort de Juliette Drouet, *Le Grelot* du 11 mars 1883 (fig. 51) offre à ses lecteurs une charge au titre significatif : « Soleil couchant », où Hugo, visage émacié, mais front encore rayonnant, est au milieu de ceux qui se sont réunis pour un banquet à l'Hôtel Continental, à l'occasion de son quatre-vingt-unième anniversaire. Sous le crayon d'Alfred Le Petit, la scène a quelque chose de biblique : en partie au-dessus des nuages, Hugo semble préparer son ascension et impose les mains sur ses « disciples ».

Quand il n'est pas transformé en soleil, comme dans *La Vie parisienne* du 9 août 1884, où son nom apparaît au-dessus de l'astre qui se couche dans la mer, c'est dans le ciel que l'on retrouve désormais Hugo. Ainsi, dans la charge qui représente Catulle Mendès (*Les Hommes d'aujourd'hui*, 1883), Henri Demare dessine Hugo sur un petit nuage, lyre à la main et étoile éclatante au front, à qui il fait dire les paroles entendues lors du baptême de Jésus : « Celui-ci est mon fils bien-aimé en qui je me suis complu[84] !... ». Dans « Le sublime 83e anniversaire » (*La Comédie politique*, 8 mars

84. *Évangile* de Saint-Mathieu.

1885, fig. 69), Talp va encore plus loin : Dieu laisse son trône à Hugo entouré de musiciens, y compris Zola qui joue de la grosse caisse ! La légende donne vie à la scène :
« VICTOR HUGO : Ceci a tué cela… L'Hugotianisme a remplacé le Christianisme, démodé… Dieu est échenillé… Otez-vous de là que je m'y mette !…
LE PÈRE ÉTERNEL : Le fait est, Monsieur Hugo, qu'après ce qui vient de se passer, à moins que l'on ait voulu se ficher de vous, je n'ai plus qu'à vous céder la place !… »
La mort de Victor Hugo, le « 22 mai 1885, à une heure vingt-sept minutes de l'après-midi », précise *Le Rappel*, ne surprend personne. Depuis le 18 mai, les bulletins se succédaient dans la presse à la suite de sa congestion pulmonaire. *Le Don Quichotte* (fig. 55) qui paraît le lendemain de son décès, illustre l'article de la rédaction – « Il n'y a plus rien, qu'une ombre auguste auprès de laquelle, inclinée, la France pleure » – d'un dessin allégorique de Gilbert-Martin : « La dernière muse », voilée, aux ailes d'ange, une étoile au-dessus de la tête, les cordes de la lyre cassées, est prostrée contre un médaillon à l'effigie du poète. L'article qui appelle « le vain fracas de la politique [à] faire trêve », se termine par ces mots : « Penseur, poète, citoyen, Victor Hugo entre dans l'immortalité comme un dieu entre dans son temple. Il y sera à jamais honoré, admiré, aimé par les générations futures […] ».

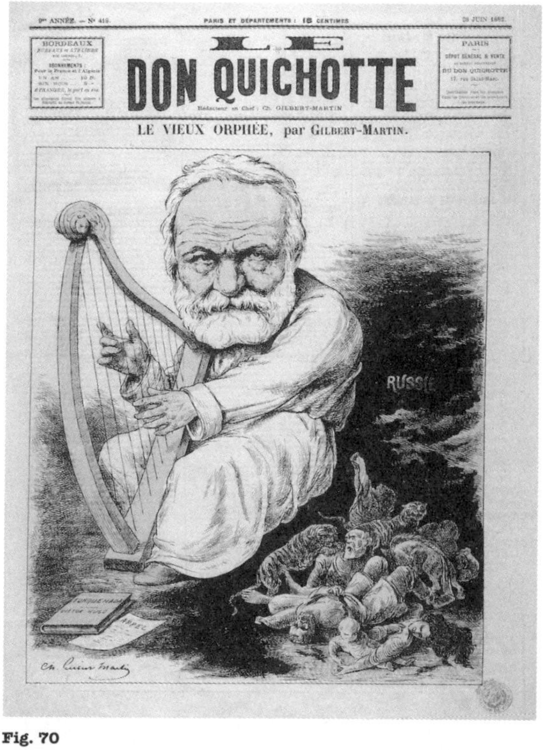

Fig. 70

Fig. 70
Le vieux Orphée, Gilbert-Martin, *Le Don Quichotte*, neuvième année, n° 418, 23 juin 1882.
Lithographie
MVHP - E - 2356

Les dernières volontés de Hugo, rédigées le 2 août 1883, sont connues, notamment son refus de « l'oraison de toutes les églises ». La veille de sa mort, l'archevêque de Paris a tenté, en vain, une ultime démarche. La charge de Pépin (« Mort de Victor Hugo », « L'archevêque Guibert cherchant à attraper l'âme du grand poète », *Le Grelot*, 31 mai 1885, fig. 56) est publiée le jour où le corps de Hugo est exposé sous l'Arc de Triomphe. Sur décision de la Chambre des députés, le Panthéon est « enlevé au culte catholique » et « rendu à sa destination première et légale ». On imagine les réactions de ceux qui, venant d'apprendre la nouvelle, lisent l'article [85] du *Grelot* intitulé « Gazette de Montretout » : « Tous les journaux sont, naturellement, pleins de commentaires sur Hugo. Tous s'accordent à reconnaître que les funérailles civiles ont été admirables et ont présenté un caractère de grandeur bien autre que si, le concours du sieur Guibert ayant été accepté, le corbillard avait été entouré de tonsurés déguisés en Turcs, avec des soleils et des bêtes dorées dans le dos ».

La caricature d'Isoré, « L'ignorance fait place au génie » (*Le Salon pour rire*, 1885) paraît au même moment. Elle représente un prêtre qui fuit, emportant goupillon, bénitier, cierges, éteignoir, statue, alors que Victor Hugo apparaît sur le parvis du Panthéon dans un nuage d'encens, tenant la crosse de la Liberté.

Victor Hugo est maintenant sur le chemin de la « panthéonisation ». « L'Apothéose » de Gilbert-Martin (*Le Don Quichotte*, 5 juin 1885, fig. 65) est commentée dans un poème dont le dessinateur est également l'auteur :

« [...] Non, ce n'est pas la nuit qui voile de son ombre
Ce front par le trépas dompté,
C'est l'éclatant soleil dont les rayons sans nombre
L'inondent d'immense clarté.

C'est l'apôtre immortel qui se métamorphose,
C'est la transfiguration,
C'est le monde accouru pour une apothéose,
C'est la splendeur du Panthéon !

85. Une autre édition du journal propose, le même jour, des articles différents, dont celui-ci, intitulé « Monologue divin » : « Ainsi, Hugo va claquer, sans que cet imbécile d'archevêque de Paris ait réussi à lui faire avaler la légendaire rondelle d'extrait de viande de mon fils ! Ma parole, c'est dégoûtant. Ah ! il est joliment composé, le personnel qui défend mes intérêts en bas. »

[...] Et quand la Renommée, en éclairant le monde
Plane au faîte de son tombeau,
C'est lui qui resplendit, qui, dans l'ombre profonde,
Devient la flamme du flambeau ! »

L'introduction du *Catalogue* de l'exposition « Victor Hugo par la caricature, de Daumier à André Gill », qui eut lieu à la Maison de Victor Hugo en 1966, pourrait servir de conclusion à celui de l'exposition « Victor Hugo raconté par la caricature » de la Maison de Balzac. Martine Ecalle, conservateur à la Maison de Victor Hugo, y écrivait : « Victor Hugo par la caricature ! Thème d'exposition frivole ? [...] Moins qu'on ne pourrait le croire : la caricature est la rançon de la gloire ; et une longue vie, une grande œuvre surgissent de ces images éphémères [...] ».
Ajoutons que ces « images », même les plus caustiques, n'ont pas dû déplaire à Hugo, lui qui confiait à son ami Antoine Fontaney, au moment où paraissaient ses premières charges : « Tout article est bon. Il n'en est pas un qui ne fasse entrer votre nom dans la tête d'un certain nombre d'individus. Pour bâtir votre monument, tout est bon ! Que les uns y apportent leur marbre, les autres leur moellon ! Rien n'est inutile ! »
On serait même tenté de dire que les charges dont Hugo a été l'objet, sinon la victime, n'ont pu qu'être appréciées par un orfèvre en la matière : il s'amusait[86] lui-même à faire, comme le rapporte également, Antoine Fontaney, des « petites caricatures de Toto, Pista, qu'il met [tait] tous les soirs sur le lit de ses enfants », et on n'en finirait pas d'énumérer les dessins grotesques qu'il a réalisés, tels le « Mari de Clémentine » au visage triangulaire, le « Prêtre de l'église Châtel » avec un corps de parapluie ouvert, ou la plantureuse « Mlle George dans *Norma* » au nez démesuré.
Ce même plaisir de créer des visages ou des corps grotesques se retrouverait dans un très grand nombre de phrases-charges, véritables caricatures signées Hugo. Qu'on en juge avec ces quelques exemples : « Proudhon, le bœuf qui laboure, mais qui est eunuque », « Il avait cet air de sagacité stupide que donnent un grand nez d'oiseau et

86. C'est le même plaisir que l'on retrouve chez un gamin des *Misérables*, qui « de 1830 à 1848 [...] griffonnait une poire sur les murailles », et qui est aidé, un soir d'été, par un passant, Louis-Philippe en personne, pour « charbonner une poire gigantesque sur un des piliers de la grille de Neuilly » (Troisième partie, I, 8).

une lèvre supérieure rectiligne tombant sur la bouche à angle droit et convenablement débordée par la lèvre inférieure»,

«Un poète... homme perplexe
Il a deux sourcils noirs en accent circonflexe
Sur deux gros yeux tout ronds qui disent toujours ô!»,

«Il avait le front bas, le rire d'un pirate,
Le poil noir, l'œil chinois, la mine scélérate;
Un turban le coiffait comme Nostradamus;
Et, se rejoignant presque à son gros nez camus,
Moustaches et sourcils d'une énorme envergure
Lui dessinaient un X à travers la figure.»

On ne pouvait souhaiter meilleur lieu d'accueil pour l'exposition «Victor Hugo raconté par la caricature» que cette Maison de Balzac[87], non seulement parce que les deux écrivains qui s'estimaient, ont connu une «vie d'orages, de luttes, de querelles, de combats, commune dans tous les temps à tous les grands hommes[88]», mais aussi parce qu'ils ont inspiré nombre de caricaturistes, parfois les mêmes, qui ont joué autant avec le front de l'un qu'avec l'embonpoint de l'autre.

Gérard Pouchain
Agrégé de l'Université

87. Balzac va proposer en 1830, dans le journal *La Caricature*, ce qu'il appelle des «caricatures écrites».
88. Extrait de l'allocution de Hugo prononcée aux obsèques de Balzac le 21 août 1850.

PÉRIODIQUES

CARICATURISTES

Les numéros renvoient aux illustrations.

Conception graphique
Arnaud Roussel

Suivi éditorial
Stéphanie Méséguer, assistée par Marion Diez

Secrétariat de rédaction
Marie d'Ornano

Fabrication
Audrey Chenu, Vincent Benzi

Cet ouvrage est composé en Clearface et en Americantype.

Photogravure
Fotimprim, Paris

Impression
Imprimerie de l'Indre, Argenton-sur-Creuse

Papier
Offset ivoire 120 g
couché 1/2 mat 135 g

Achevé d'imprimer sur les presses
de l'imprimerie de l'Indre en avril 2002

Éditions des musées de la Ville de Paris
28, rue Notre-Dame-des-Victoires
75002 Paris

Diffusion
Actes Sud

Distribution
UD – Union Distribution

F7
8365

ISBN
2-87900-594-9

Dépôt légal
Mai 2002

En couverture
« Les représentants représentés – Assemblée législative. 13. », Daumier, *Le Charivari*, fig. 27.

Crédits photographiques
Photothèque des musées de la Ville de Paris : fig. 11, 59, 68
Photothèque des musées de la Ville de Paris/ Cliché Andréani : fig. 4, 6, 7, 13
Photothèque des musées de la Ville de Paris/ Cliché Briant : fig. 23, 25
Photothèque des musées de la Ville de Paris/ Cliché Degraces : fig. 17, 24, 26, 30, 31, 35, 38
Photothèque des musées de la Ville de Paris/ Cliché Delepelaire : fig. 42
Photothèque des musées de la Ville de Paris/ Cliché Joffre : fig. 1, 3, 5, 8-10, 14-16, 18-20, 22, 27, 28, 32-34, 36, 37, 39, 41, 43-58, 60-67, 69 et couverture
Photothèque des musées de la Ville de Paris/ Cliché Ladet : fig. 21, 29, 40
Photothèque des musées de la Ville de Paris/ Cliché Pierrain : fig. 2
Photothèque des musées de la Ville de Paris/ Cliché Trocaz : fig. 12